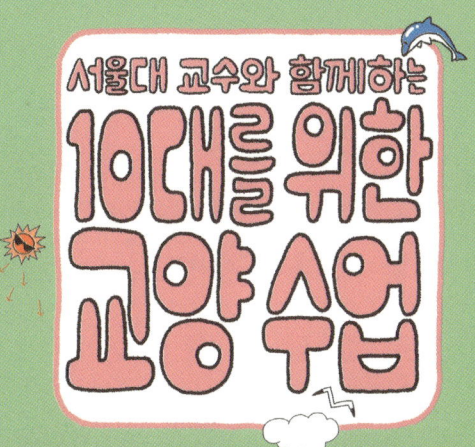

서울대 교수와 함께하는
10대를 위한 교양 수업

❹ 남성현 교수님이 들려주는 해양 과학 이야기

글 남성현, 김연희 | 그림 신병근

기획의 글

단 한 번의 특별한 지식 여행

'서울대 교수와 함께하는 10대를 위한 교양 수업'은 배움의 뜻을 품고 자신의 길을 찾아 떠나는 10대를 위한 지식 교양 도서입니다.

꿈을 찾고, 꿈을 키우고, 꿈을 이루는 것은 저절로 되지 않습니다. 내가 무엇을 좋아하는지, 내가 어떨 때 행복한지, 내가 무엇을 하고 싶은지 깊이 생각하고 깨닫는 경험이 필요합니다. '서울대 교수와 함께하는 10대를 위한 교양 수업'은 그 깨달음의 기회를 전하고자 기획되었습니다.

이 시대 최고의 멘토가 함께합니다.

'서울대 교수와 함께하는 10대를 위한 교양 수업'은 단순한 지식 교양 도서가 아닙니다. 자신의 관심과 재능을 되돌아보고 보다 구체적인 꿈을 그리도록 안내합니다. 더 넓은 세상, 더 큰 배움의 세계로 나아가기 위해 꼭 필요한 지식과 가르침을 전할 최고의 멘토, 서울대 교수님들이 함께합니다.

지식이 꿈으로 이어집니다.

알면 보인다는 말처럼 새롭게 알게 된 것에서 꿈을 찾을 수 있습니다. 어떤 친구는 평소에 관심 있던 분야에서, 또 어떤 친구는 전혀 관심 없던 분야에서 자신의 꿈을 마주할 것입니다. 지금 관심이 집중되는 몇몇 분야의 지식만이 아니라, 인류가 오랜 세월 축적해 온 문회와 역사에 내한 방대한 지식들은 여전히 배우고 연구할 가치가 있습니다. '서울대 교수와 함께하는 10대를 위한 교양 수업'은 폭넓은 시선으로 살아 있는 지식을 전합니다.

배움은 그 자체로 즐거운 일입니다. 일찌감치 꿈을 정하고 키워 가는 친구, 이제 막 꿈을 꾸기 시작한 친구 그리고 아직 어떤 꿈도 정하지 못한 친구도 괜찮습니다. '서울대 교수와 함께하는 10대를 위한 교양 수업'이 안내할 지식 여행을 통해 여러분의 꿈에 조금씩 다가가길 바랍니다.

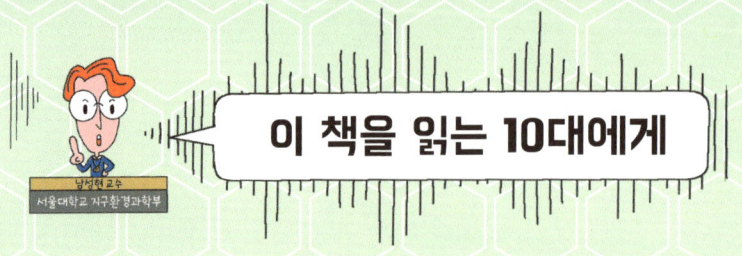

이 책을 읽는 10대에게

안녕하세요? 우리가 사는 지구의 환경, 그중에서도 바다와 대양, 즉 해양을 연구하고 있는 남성현입니다. 어린 시절부터 해양학자를 꿈꾼 것은 아니었지만 늘 넓은 세상에 대한 관심도 많았고, 미지의 바닷속 세상에 대한 상상으로 가득한 책을 읽으며 호기심을 느끼던 어린이였습니다. 대학과 대학원에서 지구 환경 과학을 전공하면서 직접 배를 타고 먼바다까지 나아가 거대한 바닷속을 탐사하면서 해양 연구와 더 넓은 세상에 대해 점점 눈을 떴습니다. 전 세계 곳곳의 바다에서 경험하는 자연과의 교감이 너무나 특별하게 느껴졌어요.

물론 해양학자라고 해서 언제나 바다에서만 연구하는 것은 아닙니다. 때로는 실험실에서 때로는 컴퓨터 앞에서 다양한 방식으로 해양학 연구를 진행하지요. 지구 곳곳의 환경, 특히 바다에 대해 생각하고 고민하며 지구를 진단하는 의사를 자처할 수 있는 것은 선택된 소수만이 누리는 특권이라고 생각합니다.

우리나라는 삼면이 바다로 둘러싸여 있고 북쪽으로는 이동이 제한되어 거의 섬나라와 다름없으니 그야말로 바다가 국가의 운명까지 좌우할 정도로 중요합니다. 정부도 별도의 전담 부처까지 만들 정도로 해양에 진심이지요.

하지만 기후 위기가 심각해지고 각종 자연재해 특성이 변화하며 전 지구적으로 생태 위기가 찾아온 오늘날, 지구 환경 문제는 인류의 생존까지 위협하는 중요한 문제가 되었습니다. 바다에서 벌어지는 일이 육상에 사는 우리의 일상에까지 많은 영향을 미칩니다. 우리는 이 점을 기억하고 바다에 더욱 관심을 가져야 합니다. 나아가 해양의 과학적 작동 원리를 이해하고 각종 해법을 찾아야 할 것입니다. 그만큼 우리 인류에게는 큰 뜻을 가진 해양학자가 절실하게 필요한 상황입니다.

가까운 바닷가부터 앞바다, 먼바다, 5개의 대양과 미지의 심해, 더 나아가 북극과 남극의 결빙 해역에 이르기까지 전 지구의 해양을 탐사하고, 과학적인 분석을 통해 지구를 진단하고 해법을 찾는 긴 여정에 저와 함께할 미래의 해양학자 여러분을 기다리겠습니다.

남성현(서울대학교 자연과학대학 지구환경과학부 교수)

차례

기획의 글·····4

이 책을 읽는 10대에게·····6

1장 바다를 누비는 해양학자·····14

- 지구 과학이 뭘까?
- 과학자가 바다로 간 까닭
- 지구를 알려면 바다를 알아야 해
- Q&A

2장 위기의 지구 1 -
지구 온난화와 기후 변화 ····· 36

- 고기를 먹으면 지구가 뜨거워진다고?
- 1℃ 때문에 변한 바다
- 최악의 미래 시나리오?
- Q&A

3장 위기의 지구 2 -
바다 오염과 물 부족 ····· 60

- 물질적 풍요를 누린 대가
- 물 부족으로 전쟁이 일어난다고?
- Q&A

4장 무궁무진한 잠재력을 가진 바다 ····· 80

- 바다는 어떤 곳일까?
- 생물 다양성과 풍부한 자원
- 보물을 품고 있는 바다
- 기후를 조절하는 바다
- Q&A

바닷물이 대기를 데우기도 식히기도 해.

5장 바다에서 희망을 찾는 방법 ····· 110

- 바다를 관측하는 여러 가지 방법
- 국경을 넘나드는 해양 관측 네트워크
- 인공위성으로 하는 해양 원격 탐사
- 위기를 극복하기 위한 지구 공학자의 고민
- 바다와 함께 만들어 갈 미래
- Q&A

푸른 바다와 지구를 사랑하는 해양학자.
지구에 닥친 심각한 기후 위기를 알리기 위해서라면
어디든 달려갈 준비가 되어 있다.

돌고래를 좋아한다.
바다에서 돌고래를 만나기 위해
스킨 스쿠버를 배우고 있다.

엉뚱한 성격의 영화 마니아.
바다를 좋아하다 보니 환경에도
관심이 많다.

1장 바다를 누비는 해양학자

- 지구 과학이 뭘까?
- 과학자가 바다로 간 까닭
- 지구를 알려면 바다를 알아야 해

지구 과학이 뭘까?

교수님, 안녕하세요? 엄청 뵙고 싶었어요.

교수님에게 여쭤볼 게 정말 많아요.

그래. 지금부터 차근차근 바다에 대해 알아보자!

'기후 위기'라는 말 많이 들어 봤지? 학교, 텔레비전, SNS에서도 이제는 모두 기후 변화에 관심을 갖고 행동에 나서야 한다고 말해. 그렇지 않으면 인류에게 큰 위기가 닥칠 거라는 무시무시한 이야기도 하지. 하지만 아무리 이야기해도 인간이 지구에 어떤 영향을 끼쳐서 이런 위기가 왔는지, 그리고 그 위기라는 게 얼마나 심각한 수준인지 진지하게 걱정하는 사람은 그렇게 많지 않은 것 같아.

아무래도 아침에 일어나 학교나 회사에 가고, 마트에서 먹을 걸 사고, 친구를 만나고, 밤에 편안한 잠자리에 드는 평범한 일상에서는 지구에 어떤 변화가 일어나고 있는지 몸으로 직접 느끼기 쉽지 않을 거야.

하지만 나 같은 지구 과학자들은 지구 또는 기후의 변화에 아주 민감해. 언제나 지구의 대기, 땅, 바다 같은 것들을 연구하고 있으니까 지구에 생긴 작은 변화들도 금방 알 수 있거든. 아, 지구 과학자가 뭐 하는 사람이냐고? 생명이 있는 것들을 연구하는 생물학자나 물질의 성분이나 구조를 연구하는 화학자, 사물의 이치를 연구하는 물리학자처럼 '지구'를 연구하는 과학자가 지구 과학자야.

그럼 지구 과학은 뭐냐고? 지구 과학은 말 그대로 지구와 지구를 둘러싼 환경, 즉 지구의 시스템을 연구하는 학문이야. 이를테면 지구 표면을 덮고 있는 땅(지질), 지구 겉면의 대부분을 차지하는 바다(해양), 지표면을 뒤덮은 공기(대기)를 연구하는 거지. 학교 과학 시간에 지층과 화석 또는 화산과 지진, 날씨와 기후에 대해 배운 적 있지? 이런 것들이 다 지구 과학의 영역이야. 그러니까 지구 과학은 지구의 내부와 표면, 표면을 뒤덮은 대기와 날씨, 여기에 지진과 화산, 태풍, 집중 호우 같은 자연재해까지 다루는 아주 폭이 넓은 학문이야.

어려운 내용이지만 조금만 더 자세히 알아볼까?

우리 발아래 있는 땅은 어떤 물질로 이루어져 있는지, 지구 내부에는 무엇이 있는지, 아주 오래전에 이 땅에는 어떤 생물이 살았는지를 연구하는 분야가 있는데, 이런 걸 '지질학'이라고 해. 그러니까 지질학자들은 땅에 대한 모든 것을 연구하지.

그리고 지구 표면을 둘러싼 대기의 환경, 대기에서 일어나는 현상과 대기가 땅이나 바다와 주고받는 영향을 연구하는 '대기 과학'이 있어.

대기 과학자들은 날씨와 기후를 연구하기도 하고 대기 오염이나 기후 변화 등을 연구하기도 해. 예를 들어, 공기가 어떤 물질로 이루어져 있는지, 날씨를 정확하게 예측하는 방법이 뭔지, 지구 온난화의 원인이 뭔지 등을 연구하지.

마지막으로, 지구에서 땅 말고 많은 부분을 차지하는 게 뭘까? 바로 지구 겉면의 4분의 3을 차지하는 바다야. 이 바다를 연구하는 학문을 '해양학'이라고 해.

해양학자는 바다에서 일어나는 온갖 자연 현상을 연구해. 바닷물은 어디에서 어디로 흐르는지, 파도는 왜 치는지, 바닷속에는 뭐가 사는지, 바다 아래 땅은 어떻게 생겼는지 등 바다와 관련된 모든 것을 연구한다고 할 수 있지. 최근에는 바다의 기후 조절 능력이 뛰어나다는 것이 밝혀지면서 바다에 관한 연구가 더욱 활발하게 진행되고 있어.

참, 태양계나 우주의 별을 연구하는 분야를 지구 과학이라고 알고 있는 사람도 있는데, 지구 밖을 연구하는 분야는 '천문학'이라고 해.

최근 나를 비롯한 많은 지구 과학자가 각자의 분야를 연구하면서 지구 온난화나 기상 이변처럼 지금 우리 지구에 일어나고 있는 환경 문제에 더욱 주목하고 있어. 지구 과학자는 실제로 지구 곳곳을 누비면서 기후 변화와 지구 온난화의 현실을 몸으로 직접 체험하고 있으니까.

과학자가 바다로 간 까닭

나는 지구 과학자야. 그중에서도 바다를 연구하는 해양학자란다. 그래서 일 년에 한두 번은 꼭 배를 타고 나가서 바다를 연구해.

사실 어릴 때부터 바다에 특별히 관심이 많았던 건 아니야. 가족들과 바닷가에 놀러 가면 끝이 보이지 않을 정도로 넓은 바다를 보면서 수평선 너머에는 뭐가 있을까 하고 호기심을 느끼는 정도였지. 그래서 시간이 날 때마다 지구본을 들여다보면서 지구 곳곳의 모습을 상상해 보곤 했어. 방학 숙제로 심해*에 대한

* 심해: 깊이 200미터 이상의 바다를 이르는 말.

책을 읽고 독후감을 쓰기도 했지만, 바다를 더 깊이 이해하려고 따로 노력하지는 않았던 것 같아.

내가 고등학생이던 시절엔 지구 과학반과 생물반 중 하나를 선택해서 수업을 들었는데, 나는 생물반을 택했어. 그땐 아직 내가 무슨 공부를 하고 싶은지 확실히 정하지 못했을 때였거든. 그래서 대학교에 가기 전까지 지구 과학을 공부할 기회가 전혀 없었지.

그러다 대학에서 전공을 선택할 때 오히려 제대로 공부할 기회가 없었던 지구 과학을 공부하고 싶은 마음이 들더라. 그래서 지구환경과학부 해양학과를 선택했지.

지구 과학 중에서도 특히 해양학과를 선택한 이유가 있나요?

지구 표면의 70퍼센트를 차지하는 바다가 너무 궁금했거든.

대학을 졸업한 뒤에는 해양학 중에서도 물리 해양학을 다루는 연구실로 대학원 진학을 했고 말이야.

아, 물리 해양학은 또 뭐냐고? 지구 과학도 여러 분야가 있지만, 그 분야 중 하나인 해양학도 다시 다양한 분야로 나뉜단다. 바닷물의 흐름이나 파도, 밀물과 썰물 같은 바닷물 자체의 움직임, 이것과 관련된 기후를 연구하는 건 '물리 해양학', 바닷물 속

에 어떤 성분이 존재하는지, 이런 성분이 어디에서 왔는지 연구하는 '화학 해양학', 바다에 어떤 생물들이 사는지, 어떤 자원들이 분포되어 있는지를 알아보는 '해양 생물학', 바다 아래 지형을 연구하고, 바다의 모습이 왜 변하는지를 알아내는 '해양 지질학'도 있어. 바다와 관련된 학문은 이 밖에도 정말 무궁무진해.

자, 이제 이런 연구들을 실험실에서 하느냐, 바다에 직접 나가 관측하느냐에 따라 연구 방식이 달라져. 나는 바다에 직접 나가 연구하는 '현장 관측 해양학'을 하고 있어. 현장 관측 해양학자들은 직접 배를 타고 바다에 나가서 배에 실린 각종 장비로 데이터를 측정하기도 하고, 바다에 미리 설치해 둔 무인 장비에서 얻은 데이터로 바다에서 어떤 일들이 일어나는지 연구하기도 한단다.

나는 1999년에 정식 연구원이 되어 바다로 나갔는데, 1999년부터 2007년까지는 작은 배를 타고 우리나라 주변 바다를 돌아다녔어. 당시만 해도 연구자들이 대형 연구선을 타고 먼바다에 나갈 기회가 그렇게 많지 않았거든.

동해 연안에서 현장 탐사 자료를 얻으려고 종종 작은 고깃배를 빌려 탈 때도 있었는데, 이런 어선의 선장님들에게도 배우는 게 많았어. 한번은 문어를 잡는 선장님의 배를 탔는데, 점심으로 선장님이 끓여 주신 문어 라면을 먹으면서 아주 흥미로운 이야기를 들었던 기억이 나.

 선장님은 오랜 경험을 통해 매년 이맘때가 되면 해양 쓰레기들이 어떤 방향으로 흘러 어떤 곳에 모이는지, 어떤 속도로 해안으로 몰려오는지 잘 알고 계셨어. 우리는 선장님이 들려주신 이야기를 바탕으로 바닷속에 어떤 측정 장비를 언제 어떻게 설치해야 가장 효율적일지 아이디어를 얻을 수 있었지. 그 덕분에 다

른 바다에서는 볼 수 없는 동해 연안의 독특한 바닷속 내부 움직임을 세계 최초로 발견할 수 있었단다.

 이렇게 바닷속을 탐사하면서부터 비로소 '바다'라는 거대한 세계에 눈을 뜨게 되었어. 내가 도시에서 태어나 자란 탓에 자연과 교감할 수 있는 시간이 별로 없었던 게 이유였을까? 뒤늦게 전 세계 바다 곳곳을 찾아다니며 바다에 대해 더 많이 알아 갈수록 바다에 대한 애착이 더 커지는 것 같아.

지구를 알려면 바다를 알아야 해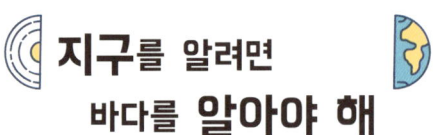

　운 좋게도 나는 2008년부터는 2014년까지 미국 샌디에이고 라호야 해변에 있는 스크립스해양연구소(Scripps Institution of Oceanography)에서 연구할 기회를 얻었어. 스크립스해양연구소는 1903년에 세워진 세계에서 가장 크고 오래된 해양학 전문 연구소란다. 바다와 지구 과학과 관련한 다양한 연구를 하는 곳이지. 나는 이 연구소에서 기후와 해양에 관한 다양한 연구 프로젝트를 진행했어. 그곳에는 '로저 르벨'이라는 해양 관측선을 비롯한 여러 척의 연구선과 바다까지 길게 뻗어 있는 스크립스 피어 같은 관측 시설, 각종 해양 장비와 첨단 관측 장비를 직접 만드는 시설까지, 바다 연구에 최적화된 환경이 마련되어 있어서 해

스크립스해양연구소

양학자들에겐 그야말로 꿈의 연구소라 할 수 있어.

이런 세계적인 연구 환경을 갖춘 곳에서 해양 연구를 할 수 있다는 것 자체가 정말 감사한 일이었고, 큰 보람도 느낄 수 있었어. 세계 곳곳에서 온 해양학자들이 서로 자유롭게 토의하고 협업하는 분위기가 잘 갖춰져 있다 보니 자연스럽게 좋은 연구 성과를 얻을 수 있었던 거 같아.

로저 르벨호 같은 연구선을 타고 바다 위에서 생활하면서, 바다 표면부터 깊은 곳까지 다양한 관측 장비로 연구 데이터를 수집하고 연구를 했단다. 배를 타고 북태평양의 캘리포니아 앞바다부터 알래스카의 바다까지, 남태평양의 폴리네시아 지역, 카

리브해부터 서아프리카 지역까지 종횡무진 누비고 다녔지.

먼바다까지 나가 탐사를 진행하는 승선 조사를 할 때는 같이 배를 탄 사람들끼리 아주 끈끈해져. 연구는 물론이고 휴식도 서로 돕지 않으면 제대로 할 수 없거든. 교대 조를 짜서 번갈아 잠을 자면서 연구해. 이렇게 운명 공동체가 되어 서로 기쁜 일과 슬픈 일을 함께하는 건 아주 특별한 경험이었어.

연구선에서 보낸 시간들은 모두 의미가 있었지만, 나는 특히 상쾌한 바닷바람을 맞으며 수평선에서 뜨고 지는 해를 보거나 밤하늘에서 쏟아질 듯 빛나는 별들을 감상하는 시간을 아주 좋아했어.

미국 정부 해양대기청 연구선과 독일 연구선에 탈 기회도 있었는데, 각 나라 연구선의 독특한 문화를 체험하는 것도 아주 귀하고 즐거운 경험이었지. 우리나라 미국 연구선의 연구원들은 보통 잠을 줄여 가며 2교대나 3교대로 조사 일정을 짜서 아주 바쁘게 활동하거든. 그런데 독일 연구선에서는 매일 오전과 오후, 공식적으로 휴식 시간을 가지면서 모든 연구를 잠시 멈췄어. 또 특별한 날 저녁에는 작은 파티를 열고 각테일을 만들어 마시며 모두가 함께 여유로운 시간을 갖기도 했지. 로마에 가면 로

마법을 따라야 한다는 말 알지? 각 나라의 연구선이 가진 독특한 문화를 배우며, 짧게는 일주일, 길게는 1~2개월 동안 다른 연구자들과 함께 지치지 않는 열정으로 연구하며 보낸 시간들은 평생 잊지 못할 추억이야.

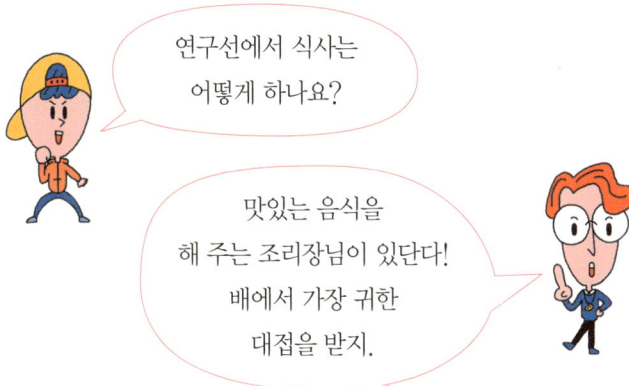

연구선에서 식사는 어떻게 하나요?

맛있는 음식을 해 주는 조리장님이 있단다! 배에서 가장 귀한 대접을 받지.

 2014년에 우리나라로 돌아온 뒤에는 동해, 동중국해와 서태평양, 열대 인도양을 배를 타고 돌아다니며 연구했어. 얼음을 깨는 쇄빙 능력을 갖춘 연구선인 아라온호를 타고 두 달 동안 남극 조사를 한 적도 있지. 그런 조사와 연구를 바탕으로 세계 최초로 남극 바다 위에 떠 있는 거대한 얼음덩어리인 '빙하'가 스스로 녹는 속도를 조절할 수 있다는 사실을 밝혀내기도 했어.
 내가 해양학 공부를 시작했을 때만 해도 해양학은 사람들에

게 무척 낯선 학문이었어. 바다에 관심을 가진 사람도 많지 않았지. 그런데 지구의 환경이 점점 심각한 위기 상황을 맞게 되면서 해양학에 관심을 가진 사람들이 늘어나고 있어. 지구 대부분을 차지하는 바다의 중요성이 새삼 주목받고 있기 때문이겠지. 나도 이 위기를 잘 넘기기 위해서는 바다를 더 깊이 연구해야 한다는 생각이 들어.

지구에서 바다가 차지하는 면적은 4분의 3, 평균 수심은 3,700미터니까 지구에서 바다가 차지하는 부피는 정말 어마어마하거든. 그러다 보니 바닷물 속에서 열이 어떻게 움직이는지, 또 바닷물은 그에 따라 어떻게 움직이는지가 더욱 중요해진 거야.

바다는 기후에 반응할 뿐 아니라 기후에 엄청난 영향을 끼치는 '기후 조절자'야. 그러니 앞으로도 인류가 무사히 생존하려면 바다에 대해 잘 알아야 해.

바다를 좋아하고, 바다에서 일어나는 자연 현상이 궁금한 친구들, 바다를 직접 느끼면서 연구하고 싶은 친구들은 언제든지 우리 해양환경관측연구실 문을 두드려도 좋아!

해양학자가 되려면 어떤 자질이 필요할까요?

모든 과학자가 마찬가지지만, 해양학자가 되려면 먼저 자연을 잘 관찰할 수 있는 자질과 미지의 세계를 탐험하려는 용기가 있어야 해. 이걸 잘 보여 주는 재미있는 이야기가 있어. 자연 과학을 연구하는 한 교수님이 한 학생에게 과학자는 관찰력과 용기가 있어야 한다고 이야기하면서, 자기 손가락으로 똥을 찍어 먹고 너도 이렇게 할 수 있냐고 물었어. 학생이 정말로 교수님을 따라서 손가락으로 똥을 찍어 먹었더니, 교수님은 "자네는 과학을 할 수 있는 용기는 충분하지만 관찰력이 부족하군. 나는 똥을 찍은 손가락을 입에 넣기 직전에 다른 손가락으로 바꾸었다네."라고 했다고 해. 우스갯소리지만 그만큼 관찰력이 과학자가 가져야 할 중요한 자질임을 강조하는 이야기지.

해양학자도 마찬가지야. 지구와 바다라는 자연을 잘 관찰하고, 지구 환경과 바다 환경이 왜 그렇게 작동하는지를 알고 싶은 호기심으로 용기 내어 탐구할 수 있다면 누구나 해양학자가 될 수 있어.

해양학자가 되려면 어떤 공부를 해야 할까? 대학교에서 지구환경

 과학부나 해양학과, 해양과학과 같은 해양학 관련 전공 학과로 진학해서 공부하는 길이 있어.

 혹시 대학교에서 해양학을 공부하지 않았더라도 해양학 관련 대학원에 진학해서 해양 과학 연구 훈련을 받아 석사, 박사 학위를 받으면 해양학자가 될 수 있어. 해양학은 바다를 대상으로 물리학, 화학, 생물학, 지질학 같은 서로 다른 자연 과학 분야가 동시에 어울려 있는 종합 과학이야. 대학교에서 물리학이나 대기 과학, 조선 해양 공학을 전공했으면 대학원에서 물리 해양학을 연구할 수 있고, 화학, 화학 공학, 재료 공학을 전공했으면 화학 해양학을 연구할 수 있지.

 다시 이야기하자면, 대학교에서 어떤 전공을 했더라도 바다에 관심을 두고 바다를 연구하겠다는 마음만 먹으면 누구나 해양학자가 될 수 있다는 뜻이야.

2장 위기의 지구 1 - 지구 온난화와 기후 변화

고기를 먹으면 지구가 뜨거워진다고?

1℃ 때문에 변한 바다

최악의 미래 시나리오?

고기를 먹으면 지구가 뜨거워진다고?

세계 곳곳에서 이상 기후가 나타난다고 하던데 왜 그런 건가요?

영화에서 나오는 그런 지구 종말이 정말 오는 건가요?

당장 지구가 망하는 건 아니지만, 기후 변화 때문에 지구에 위기가 온 건 사실이란다.

너희들도 텔레비전이나 유튜브를 통해 세계 곳곳에서 각종 기상 이변이 일어나고 있다는 뉴스를 봤을 거야. 2022년, 남아시아에 있는 파키스탄에 기록적인 폭우가 6월부터 8월까지 수십 일 동안 쉬지 않고 쏟아지는 바람에 전 국토의 3분의 1이 잠기고 말았어. 그 바람에 인구의 15퍼센트인 3,300만 명이 수해를 입었지. 사망자는 1,700명에 이르고 집이 200만 채나 파손되었어. 게다가 의료 시설까지 망가지는 바람에 홍수로 생긴 각종 전염병을 퇴치하는 데 큰 어려움을 겪었다고 해.

반면 스페인과 포르투갈, 프랑스, 독일 등 유럽에서는 기온이 높고 비가 내리지 않는 고온 건조한 날씨가 계속되었어. 500년 만에 찾아온 가뭄으로 곳곳에 대형 산불이 번져 무성한 숲이 한순간에 잿더미가 되고 말았어. 강과 저수지는 바닥을 드러낼 정도로 말라서 마실 물이 부족해졌고, 곳곳에서 물고기가 떼죽음을 당하기도 했지. 독일에서는 강물 높이가 너무 낮아져서 물건을 실어 나르는 배를 띄우지 못했어.

각국 정부에서 비상사태를 선포하고 각종 대책을 마련했지만, 인간이 할 수 있는 건 별로 많지 않아. 이처럼 지구 곳곳이 '기상 관측 이래 최고'라는 수식어와 함께 심각한 위기를 겪는 중이야.

　왜 전 지구에 이런 일이 벌어지는 걸까? 앞에서 잠깐 이야기했듯이 '기후 변화' 때문이야. 먼저 기후 변화가 무슨 뜻인지 정확히 알아보자.

　기후 변화는 오랜 시간에 걸쳐 지구의 평균 기온이 의미 있게 변하는 현상을 뜻해. 이런 기후 변화는 하루에 몇 도씩 오르내리는 날씨의 변화와 구분해서 이해해야 해.

　그러니까 '봄이나 가을에는 아침저녁으로 일교차가 10℃ 넘게 오르내리는데, 기후 변화로 1℃ 정도 오르는 게 뭐가 문제야?' 이렇게 생각해서는 안 돼. 일반적으로 지구 한쪽에서 아침에 10℃가 내려가면 다른 쪽에서는 점심에 10℃가 올라가. 또 다른 한쪽에서 여름에 10℃가 올라가면 다른 한쪽에서는 겨울에 10℃가 내려가는 과정을 통해서 지구는 전체적으로 아주 일정한 평균 온도를 유지하게 돼.

　원래 지구의 평균 기온은 일정한 움직임을 따라 변해. 이런 걸 '기후 변동성'이라고 한단다. 하지만 기후 변화는 이런 일정한 움직임에서 벗어나 크게 변화하는 것을 뜻해. 그럼, 지구에 왜 이런 큰 변화가 생겼을까?

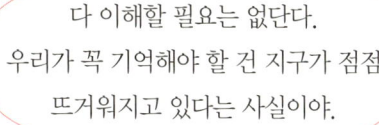

으, 너무 어려워요. 무슨 말인지 모르겠어요.

다 이해할 필요는 없단다. 우리가 꼭 기억해야 할 건 지구가 점점 뜨거워지고 있다는 사실이야.

바로 온실가스 때문이야. 많이 들어 본 말이지? 온실가스는 '온실 효과'를 일으키는 가스로, 지구 대기권에 존재한단다. 주로 이산화 탄소, 메탄(메테인), 이산화 질소 등을 말해. 추운 겨울에 비닐이나 유리로 만든 온실에 들어가면 별다른 난방 장치가 없어도 바깥보다 따뜻하잖아. 투명한 비닐이나 유리가 태양 에너지를 잘 가둬서 내부를 따뜻하게 데우는 건데, 온실 효과도 이거랑 비슷해.

지구는 원래 태양으로부터 에너지를 받으면 그만큼 우주로 다시 내보내. 그런데 지구 대기권에는 온실의 유리 같은 역할을 하는 온실가스가 있어서 에너지를 우주로 다 내보내지 않고 일정 정도 지구에 가둬 두거든. 그 덕분에 지구는 사람이 살 수 있는 일정한 기온을 유지하는 거야. 만약 온실가스가 없으면, 해가 뜨면 엄청나게 더워지고 해가 지면 엄청나게 추워지겠지. 사실 이런 온실 효과는 지구에 대기가 생기면서부터 일어난 아주 오래된 현상이야.

첫 번째 질문. 그러면 왜 지금 와서 온실가스가 문제라는 걸까? 아주 오래전부터 지구에 있었고 얼마 전까지는 괜찮았는데 말이야. 그건 바로 지구의 대기에 온실가스가 빠르게 늘어나면

서 태양으로부터 받은 에너지가 지구 밖으로 덜 빠져나가기 때문이야. 그래서 지구의 기온이 점점 높아지고 있기 때문이지.

여기서 두 번째 질문! 왜 지구의 대기에 온실가스가 빠르게 늘어났을까? 여기에는 몇 가지 이유가 있어. 첫째, 인간이 땅을 이용하는 방법이 변했기 때문이야. 본격적으로 농사를 짓기 시작한 선사 시대부터 산업 혁명이 일어나기 전까지는 먹을거리를 키우는 농사가 인류의 주요 산업이었어. 인구도 그렇게 많지 않았지. 하지만 지금은 완전히 달라졌어. 숲이나 밭을 없애고 그 자리에 공장이나 집을 짓거나 가축을 기르기 위한 작물을 키우는 농사를 짓고 있어. 그 때문에 지구의 탄소를 빨아들이고 산소를 내뿜는 식물이 크게 줄어들었어.

둘째, 땅속에 묻혀 있던 석탄과 석유, 천연가스 같은 화석 연료의 사용이 몇백 년 사이 급격히 증가했어. 이런 화석 연료는 타면서 공기 중에 이산화 탄소를 내놓거든. 이산화 탄소는 대표적인 온실가스인데, 지구 대기 중 온실가스의 87퍼센트나 차지하고 있단다. 바로 온실 효과를 일으키는 주범이지.

셋째, 전 세계적으로 소고기, 양고기 같은 육류 소비량이 크게 늘어났기 때문이야. 우리나라만 해도 1970년에는 1년 동안 먹은 1인당 육류 소비량이 5.3킬로그램이었어. 그런데 2020년에는 54.3킬로그램으로 10배나 늘었을 정도야. 소나 양, 염소처럼 되새김질하는 동물이 방귀를 뀌거나 트림할 때 메탄이라는 가스가 나오는데, 이게 이산화 탄소보다 온실 효과를 21배나 더 일으키거든. 소똥이나 비료에서 나오는 이산화 질소는 310배나 더 일으키고. 게다가 지구에서 농사짓는 땅의 83퍼센트에서 인간이 먹을 작물이 아니라 가축이 먹을 작물을 키우고 있어. 육류의 소비가 계속 늘어나고 있으니 가축에게 먹일 작물을 키울 밭은 더 늘어나겠지.

석유와 석탄, 가스 같은 화석 연료의 사용과 육류의 소비가 늘어나면서 온실가스가 크게 증가했다는 것을 여러 관측 자료를 통해 확인할 수 있어. 내가 몸담았던 스크립스해양연구소를 비롯한 몇몇 연구소에서 공기 중 산소와 이산화 탄소의 농도를 오랜 기간 측정하고 있거든.

하와이의 마우나로아 관측소는 1950년대부터 지금까지 이산화 탄소 농도를 측정했는데, 여기서 발표한 자료를 보면 1960년대 320ppm이었던 이산화 탄소의 농도가 2020년대에는 420ppm 수준이 된 것을 알 수 있어. 1960년대보다 무려 100ppm이나 증가했지.

사실 이산화 탄소는 대기 중에 기체로 존재하기도 하지만, 다른 물질과 결합해 여러 가지 모습으로 대기와 바다를 넘나들며 존재한단다. 바닷물에 녹기도 하고 바닷속 생물의 껍데기가 되기도 해. 동물과 결합해 있던 이산화 탄소는 땅속에서 오랜 시간이 지나면서 석유가 되었고, 식물과 결합해 있던 이산화 탄소는 석탄이 되기도 했어. 석회암 같은 돌 속에도 존재하지. 이처럼 지구는 대기 중의 이산화 탄소를 일정 정도 흡수해 왔어.

특히 식물은 땅 위에서 광합성을 하면서 한 해 평균 6기가 톤의 이산화 탄소를 흡수했어. 바다에서도 식물성 플랑크톤이 6기가 톤 흡수해 왔고. 그러니까 인간이 12기가 톤만 이산화 탄소를 배출했으면 대기 중 이산화 탄소의 양이 늘어나지 않았겠지? 하지만 인류는 그보다 몇 배나 더 많은 이산화 탄소를 배출했어. 그리고 그 양은 매년 계속 늘어서 지금은 대기 중 온실가스가 최고 수준에 도달했어. 그로 인해 지구의 온난화는 현재 계속 진행 중이야.

1℃ 때문에 변한 바다

　이제 지구 온난화는 기후 변화의 상징적인 현상이 되었고, 인류와 지구에게 핵폭탄보다 더 큰 위협이 되고 있어. 이런 말을 하도 들으니까 '이게 진짜 사실일까?' 하는 생각이 들기도 할 거야. 가까운 과거만 해도 지구 온난화를 상업적 논리로 이용하면서 음모론이라고 주장하는 사람들도 있었으니까. 하지만 지금은 산업 혁명 이후 이산화 탄소가 급격하게 늘어나면서 온실 효과가 심각해졌다는 것을 부정하는 과학자는 거의 없어.

　중요한 건 지금 이 순간에도 지구의 온도는 계속 올라가고 있다는 거야. 어쩌면 지구는 이 문제를 해결하라고 여러 가지 기후 변화를 통해 인간들에게 신호를 보내고 있는 건지도 몰라.

　실제 땅의 온도와 바다의 온도를 관측한 결과를 살펴보면 1880년부터 2000년까지 온도가 계속 증가했다는 것을 알 수 있어. 1940년대 0℃를 기준으로 그 이전에는 0.4℃ 낮았고 그 이후 2020년까지 1℃가 올라갔어. 그러니까 이산화 탄소 농도와 마찬가지로 천 년 동안 일정하게 유지되던 온도가 단 몇십 년

만에 1℃ 이상 급격하게 오른 거지.

이건 오랜 기간 유지되어 온 지구 기후 시스템의 균형이 깨진 것을 뜻해. 지구 과학자들은 왜 이런 기후 변화가 생겼는지 그 원인을 찾으려고 했어. 그 결과 지구 온난화의 원인이 인간 때문이라는 걸 알아낼 수 있었지. 땅이나 바다로 나눠서 찾아보아도, 대륙별로 나누어 찾아보아도 결과는 모두 같았어.

기후는 사실 늘 변해. 태평양의 물 온도는 10년을 주기로 서쪽과 동쪽의 온도가 번갈아 올랐다 내렸다 해. 태평양 서쪽의 온도가 내려가면 동쪽의 온도가 올라가는 거야. 이런 건 자연스러운 기후 변동이야. 또 2~4년마다 바뀌는 엘니뇨와 라니냐도 자연석인 기후 변동 과정이지.

예를 들어 태평양 바다 위에서는 동쪽에서 서쪽으로 바람이 불어. 그러면 바다 표면의 따뜻한 물이 서쪽에 있는 인도네시아에 쌓인단다. 여기에 쌓인 따뜻한 바닷물이 다량 증발하면 구름이 많아지고 비도 많이 내려. 반대로 동쪽에 있는 아메리카 대륙의 서부 지역은 구름이 없고 맑고 건조한 날씨를 보이지. 이건 정상적인 상황이야.

그런데 엘니뇨가 나타나면 동쪽에서 서쪽으로 부는 바람이 약해져. 그럼 서쪽으로 밀려가던 바닷물이 동쪽으로 이동하면서 이전과는 다른 대기 순환이 일어나고, 그러면서 여느 해와 달리 다른 지역에서 가뭄이나 홍수 같은 이상 기후가 나타나게 돼. 이런 기후 현상은 전 지구적인 물의 순환 때문에 태평양뿐만 아니라 지구 전체에 영향을 미치지만 자연스러운 현상이란다. 하지만 지구 온난화로 인한 기후 변화는 이처럼 자연스러운 엘니뇨에도 영향을 끼치고 있어. 인간의 활동 때문에 자연적인 변화 범위에서 벗어난 이상 현상이 벌어지고 있는 거야. 우리는 자연에서 늘 일어나던 기후 변동성과 인간 활동 때문에 일어난 기후 변화를 잘 구분해야 해.

전 지구적인 기후 변화 때문에 지구 시스템 전체가 변화하고 있어. 온실 효과 때문에 땅과 바다의 온도가 급격하게 올라갔고, 이로 인해 빙하가 녹으면서 바닷물의 높이가 높아졌어. 동식물의 서식지는 점점 더 북극과 남극을 향해 이동하고 있고, 나무가 자랄 수 있는 한계선도 점점 더 높은 고도로 올라가고 있어.

특히 대기 중 이산화 탄소의 농도가 증가하면서 바다가 흡수하는 이산화 탄소의 양도 그만큼 늘어났고 바닷물 속 탄소의 양도 더 많아졌어. 이걸 두고 '바다가 산성화되고 있다.(실제로는 바닷물은 약한 염기성이야.)'고 해. 바닷물 속 이산화 탄소 농도가 높아져서 산성화가 되면 새우나 게 같은 갑각류나 산호 같은 해양 생물의 껍데기가 약해져. 그럼 천적에게 쉽게 잡아먹히겠지. 산성화가 더 심해지면 조개와 갑각류들의 껍데기가 녹아내릴 거야. 그리고 물고기들의 신경계가 손상될 수 있어. 그러면 물고기들은 방향 감각을 잃어버리게 되고 서식지에 큰 혼란이 올 거야. 그러면서 전반적인 바다 생태계에 엄청난 변화가 생기겠지.

바닷물에 녹아 있는 탄소가 증가하는 반면 산소는 줄어드는데, 이 또한 심각한 문제야. 바닷물 속 산소가 줄어들면 플랑크톤의 호흡에 문제가 생겨서 그 수가 줄어들거든. 그러면 식물성 플랑크톤을 잡아먹고 사는 동물성 플랑크톤과 그 상위 단계의 포식자들까지 모든 해양 생물의 생존에 위험이 닥치는 거야.

**우리 인류 또한 이 문제에서
결코 자유로울 수 없어.**

최악의 미래 시나리오?

이처럼 전 지구적으로 진행되는 온난화 가운데서 바닷물의 온도 상승에는 주의를 더욱 기울여야 해. 물은 공기보다 잘 데워지지 않지만, 일단 데워지면 잘 식지도 않거든. 그런데 지구 온난화가 계속되면서 증가한 열의 93.4퍼센트를 바닷물이 흡수했어. 그러니 바닷물이 가진 열은 계속 늘어나고 있고, 그 증거를 심지어 4,000~6,000미터의 깊은 바다에서도 확인할 수 있을 정도야.

지난 100년 동안 전 지구적으로 바닷물의 온도가 0.1℃ 올랐는데, 남극해는 0.1~0.2℃ 올랐어. 100년 동안 0.1℃ 오른 거면 1년 동안은 얼마나 올랐을까? 0.001℃밖에 안 돼. 온도계로

재기도 어려울 정도이니 엄청 조금 오른 걸까? 아니, 그렇지 않아. 앞에서도 계속 말했지만 바다는 지구 표면의 4분의 3을 차지하거든. 그러니까 전체 바닷물이 품고 있는 열의 함량은 우리 상상을 뛰어넘을 만큼 커. 지구 온난화로 늘어난 열을 대부분 품고 있으니까 말이야. 예를 들어 설명하자면, 제2차 세계 대전 당시 일본에 떨어진 원자 폭탄이 1초에 4개씩, 1시간에 14,400개씩 터지는 수준으로 바다에 열이 공급되고 있어.

따뜻한 바닷물은 어떤 문제를 일으킬까?

가장 큰 문제는 바로 빙하를 녹인다는 거야.

특히 남극 대륙의 스웨이츠 빙하는 전 세계 다른 어떤 빙하보다 빠른 속도로 녹고 있어. 빙하 바로 아래로 따뜻한 물이 흘러들어 빙하 아랫부분을 녹이기 때문이야. 이렇게 계속 진행되면 빙하 자체가 점점 얇아지면서 빙하 전체가 무너져 버릴 수도 있어.

자, 그럼 빙하가 녹으면 뭐가 문제가 될까? 바로 바닷물의 높이, 해수면이 높아진다는 거야. 사실 해수면은 늘 변해. 달과 태양이 지구를 끌어당기는 힘 때문에 생기는 '조석' 현상으로 인해 해수면은 매일 오르락내리락하거든. 태풍이 해안가에 접근할 때나, 바다 아래에서 지진이 발생하거나 화산이 터질 때도 해수면이 변하니까 오르내리는 것 자체가 이상한 일은 아니지. 문제는 기후 변화 때문에 빙하가 녹아서 해수면이 올라간다는 거야. 앞에서 날씨와 기후의 변화에 대해 설명한 거 기억나? 지금 해수면이 변하는 문제도 마찬가지야. 기후 변화로 인해 자연스러운 변화의 범위를 벗어났다는 거지.

해수면이 올라가는 원인은 크게 두 가지야. 하나는 앞에서 말한 대로 바닷물이 따뜻해지면서 빙하가 녹기 때문이야. 북극이나 남극에 붙어 있다가 떨어져 나와 바다를 떠다니는 유빙이 녹거나, 근처에 있는 대륙의 빙하가 녹아서 바다로 흘러들어.

해수면의 높이가 올라가는 또 하나의 원인은 바닷물의 온도가 높아지면서 물의 부피가 늘어나기 때문이야. 물은 온도가 높아질수록 부피가 커지거든. 그러니까 온도가 높아질수록 바닷물이 점점 땅 위로 올라오는 거지.

이 두 가지 원인으로 바닷물의 높이는 지역마다 차이는 있지만, 점점 높아지고 있어. 그런데 바닷물의 높이가 높아지면 어떻게 될까?

아주 넓은 범위의 바닷가 마을, 나아가 그 부근의 대도시 지역까지 피해를 보게 될 거야. 인도양에 있는 몰디브는 1,000개가 넘는 섬으로 이루어진 아름다운 나라야. 그런데 바닷물의 높이가 지금보다 1미터만 높아져도 몰디브는 지도에서 완전히 사라지게 될 거야. 그리고 전 세계 바닷가 또는 바닷가 근처에 있는 대도시들 그러니까 뉴욕이나 런던, 도쿄, 상하이, 자카르타, 그리고 서울과 인천까지 침수 피해를 볼 거야.

전 세계 인구 가운데 1억 명 이상이 직접적인 영향을 받을 것으로 예상돼.

그러니 이건 전 지구적인 문제일 수밖에 없고 우리나라도 국가적인 차원에서 미리미리 준비를 해야 하지.

인류가 지구를 잘못된 방법으로 사용한 탓에 몇백 년이라는 아주 짧은 기간에 지구 환경은 급속하게 바뀌어 버렸어. 하지만 인류는 기후에 문제가 생겼다는 것을 눈치채고도 제때 대응을 하지 못했어.

늦었지만 최근에는 유엔 차원에서 책임감 있는 움직임이 일어나고 있고, 많은 국가가 함께 노력하고 있어. 특히 유엔에서는 미래 기후 변화 시나리오를 만들었는데, 이산화 탄소가 어떤 속도, 어떤 양으로 늘어나느냐에 따라 미래의 변화 방향을 전망하는 시나리오를 따로 만들었어. 만약 인류가 앞으로도 지금처럼 이산화 탄소를 계속 배출한다면 21세기 말까지 전 지구 평균 해수면은 약 0.6미터 이상, 최대 1미터 이상까지도 상승할 거라고 해. 더구나 급격한 남극 빙하 붕괴 등의 시나리오에서는 2미터 이상 상승할 수도 있어서 불확실성이 큰 편이야. 분명한 것은 우리의 노력으로 이산화 탄소 배출을 크게 줄인다면 인류가 적응할 수 있는 수준으로만 해수면이 상승한다는 점이지.

문제는 지금 전 지구 평균 해수면과 일부 지역의 해수면이 유엔에서 만든 가장 최악의 시나리오보다 더 빠르게 올라가고 있다는 거야. 우리의 지구는 정말 심각한 상황에 처해 있어.

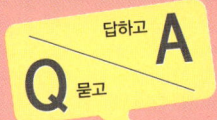

기후 변화가 정말 그렇게 심각한가요?

과학자들이 기후 변화를 경고한 지는 아주 오래되었어. 하지만 그동안 소극적으로만 대응하다가 문제가 더 커졌지. 특히 우리나라는 전 세계 평균에 비해 더 빠른 속도로 온난화가 나타나고 있는 지역이야.

우리나라는 원래 풍수해*에 관련된 자연재해가 많아. 여름철에는 장마와 태풍에 의한 집중 호우로 비가 많이 내려. 특히 태풍은 강풍과 호우로 인해 큰 피해를 일으키는데, 2002년 태풍 루사와 2003년 태풍 매미는 우리나라에 어마어마한 피해를 입혔지. 2020년 이후 연달아 우리나라에 상륙했던 바비, 마이삭, 하이선, 힌남노 같은 역대급 태풍들도 심각한 피해를 줬어.

이렇게 태풍이 점점 더 강력해지는 것도 기후 변화와 무관한 게 아니야. 원래 태풍의 에너지원은 열대 바다에서 증발하는 수증기가 서

---

* 풍수해: 폭풍우와 홍수로 인한 피해.

로 엉겨 뭉치면서 생기는 잠열(숨은열)이야. 그런데 온실가스의 농도가 증가하면서 바다가 열을 점점 더 많이 흡수하고 그 때문에 열대 바다의 수온이 오르면서 태풍이 점점 더 강력해지고 있지.

반대로 동아시아를 비롯하여 미국과 유럽 등 북반구 중위도에서는 극심한 한파로 인한 피해가 커지고 있어. 이것도 북극해가 빠르게 온난화하면서 나타나는 것으로 알려져 있지.

이처럼 기후 변화는 그저 지구의 평균 온도가 조금 오르는 문제가 아니야. 태풍 같은 자연재해를 과거보다 더 자주 일으키고, 극단적인 기온의 변화(폭염, 한파)와 강수량의 변화(폭우, 폭설, 가뭄)로 각종 자연재해의 피해 규모를 급증시키고 있어. 이뿐만 아니라 해수면이 상승하고, 자연 생태계 전반의 변화로 생물 서식지까지 바뀌게 해. 그 때문에 식량 문제, 바이러스 충격, 난민 문제까지 그야말로 인류는 심각한 생존의 갈림길에 서 있어.

3장 위기의 지구 2 - 바다 오염과 물 부족

- 물질적 풍요를 누린 대가
- 물 부족으로 전쟁이 일어난다고?

물질적 풍요를 누린 대가

태평양에 우리나라보다 훨씬 큰 쓰레기 섬이 있다는 뉴스를 봤어요.

그렇게 많은 쓰레기를 누가 바다에 버린 건가요?

우리가 쓰고 버린 쓰레기들이 바다로 흘러간 거란다. 바다는 지금 쓰레기 때문에 몸살을 앓고 있어.

18세기, 산업 혁명이 일어나고 근대 과학이 눈부시게 발달하면서 인류는 물질적으로 급격하게 발전했어. 산업 혁명 이전 2천 년 동안 물질적인 부의 총량은 1.5배 성장했지만, 지난 250년 동안 40배 증가했을 정도로 그 속도가 엄청나게 빨라졌고 그 덕분에 많은 사람이 물질적으로 풍족한 생활을 누렸지. 예전보다 더 안락하고 편안한 집에 살면서 쉽게 옷을 사고, 음식을 풍족하게 먹으며 지내. 오늘날 우리는 모든 문제에 인간이 중심에 있는 '인간의 시대'에 살고 있어.

하지만 이런 발전 과정에서 환경에 끼치는 영향은 외면하고 오로지 물질적인 성장만을 추구했기 때문에 지구의 환경은 점점 나빠졌어. 편리한 생활을 위해 석탄이나 석유 같은 화석 연료를 엄청나게 사용하면서 대기 중 온실가스가 급속히 늘어났고 그 때문에 지구 온난화가 일어났지. 지구가 45억 년 동안 충전한 배터리를 400년도 안 되어 모두 써 버린 거야.

오늘날 지구 환경 오염은 한마디로 엄청나게 심각해. 특히 바다의 오염이 심각한데, 태평양의 거대 쓰레기 섬 문제부터 시작해 볼까? 바닷가 마을을 덮치는 엄청난 지진 해일이 일어나면 그 일대의 모든 것이 바다로 쓸려가 버려. 그럼 그 물건과 잔해

들은 다 어디로 갈까? 모두 녹거나 증발해 버리는 걸까?

 1997년 여름, 요트 선장인 찰스 무어는 태평양을 가로지르는 요트 대회에 나갔다가 돌아오는 길에 그림처럼 잔잔한 밤바다 위에서 무언가 빛나고 있는 걸 발견했어. 처음에는 바다 표면에 비치는 별빛인 줄 알았대. 그런데 가까이 가서 확인해 보니 그건 바다 위를 둥둥 떠다니는 플라스틱 병뚜껑, 끈, 상자 같은 엄청난 양의 플라스틱 쓰레기들이었어. 찰스 무어는 '태평양 거대 쓰레기 지대(GPGP-Great Pacific Garbage Patch)'라고 이름 붙였지.

평범한 시민이었던 찰스 무어는 바다에 엄청난 위험이 닥쳤다는 것을 깨닫고 그 뒤로 해양 과학자이자 환경 운동가로 변신해서 『플라스틱 바다』 같은 책을 쓰고 방송에 출연해 바다 오염에 대한 세계인의 관심을 불러일으키고 있어.

그런데 이 쓰레기 섬은 어떻게 만들어진 걸까? 태평양 주변의 해류는 둥그렇게 돌고 도는데, 가장 안쪽에는 물의 흐름이 거의 없어. 이 가운데로 쓰레기들이 모이는 거야. 바다로 들어와 해류를 따라 바다 위를 이리저리 둥둥 떠다니던 쓰레기들이 여기서 여행을 멈추는 거지. 그러다 파도와 햇빛에 잘게 부서지고 쪼개져서 눈에 보이지 않을 정도로 작은 크기의 미세 플라스틱이 되어 바닷속으로 가라앉기도 해.

쓰레기 섬을 이루는 쓰레기 중 플라스틱은 90퍼센트나 되는데, 매년 바다에 새로 들어오는 플라스틱 쓰레기는 800만 톤쯤 돼. 문제는 이런 쓰레기 섬이 태평양에만 있는 게 아니라 대서양과 인도양에서도 계속 만들어지고 있고, 그 양이 한두 척의 배로 치울 수 있는 수준이 아니라는 점이야.

그리고 더욱 큰 문제는 이렇게 모인 바다 위 플라스틱 쓰레기들이 해양 생태계를 위협한다는 거야. 특히 먹이 사슬의 상위에 있는 해양 포유류들은 더 큰 고통을 받고 있어.

영국의 한 대학 연구원들이 죽어서 바닷가로 밀려온 돌고래, 바다표범, 고래 50마리를 조사한 결과, 모든 동물의 배 속에서 5밀리미터보다 작은 미세 플라스틱이 나왔어. 이런 미세 플라스틱은 합성 섬유에서 나온 미세 섬유, 그리고 식품 포장재와 플라스틱 병에서 나온 것들이야.

우리가 흔히 사용하는 비닐봉지가 완전히 분해되려면 400~1,000년이 걸린다고 해. 페트병은 80일이 지나면 사라지는 것처럼 보이는데, 사실 미세 플라스틱이 되어 눈에 잘 보이지 않을 뿐이야. 완전히 분해되려면 450년이 걸린대.

이처럼 크기가 작은 미세 플라스틱은 해양 생물들이 먹이로 오해하고 먹어 버리기 때문에 먹이사슬을 통해 우리 밥상 위까지 올라오게 돼. 해양 생물의 생명뿐 아니라, 인류의 건강과 생명까지 위협하는 문제가 된 거야.

2017년에 마이클 휴와 달 데반스 드 알메이다는 유엔에 GPGP를 국가로 인정해 달라는 신청서를 냈어. 나라 이름은 'Trash Isle(쓰레기 섬)'이고, 나라에서 사용하는 돈의 이름은 'Debris(잔해)'야. 여권 표지에는 'The Ocean Needs Us(바다는 우리를 필요로 한다)'라는 슬로건이 쓰여 있고, 바닷속으로 다이빙하는 고래가 그려진 방패를 바다사자와 거북이가 잡고 있는 모습이 그려져 있어. 미국 부통령이었던 앨 고어가 이 나라의 1호 국민으로 등록하면서 화제가 됐지. 이렇게 쓰레기 섬에 대한 사람들의 관심을 계속 불러일으키기 위해 많은 사람들이 노력하고 있어.

그리고 쓰레기 섬 문제를 근본적으로 해결하기 위해 발 벗고 나선 사람이 있어. '보얀 슬랫'이라는 네덜란드의 한 청년은 열

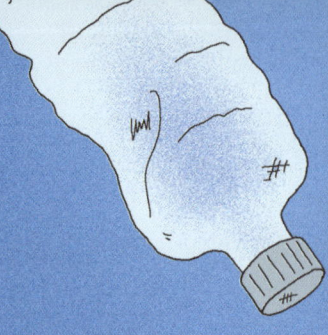

여섯 살 때 바다에서 잠수하다가 바다에 떠 있는 플라스틱들을 보고 큰 충격을 받았어. 보얀은 이 문제를 해결하기 위한 아이디어를 냈는데, 바로 '바닷물의 흐름'에 따라 모이는 쓰레기를 '바닷물의 흐름'을 이용해 수거하는 방법이야. 많은 과학자와 자원봉사자들이 이 아이디어를

현실화하기 위해 힘을 보탰고, 보안은 열여덟 살에 '오션 클린업'이라는 회사를 세웠어.

그리고 2018년, 오션 클린업 협회에서 지구에서 가장 넓은

쓰레기 섬 GPGP를 연구한 결과를 발표했지. 3년 동안 비행기 두 대로 GPGP 지역의 해수면을 촬영하고, 30척의 배로 120만 개의 플라스틱 샘플을 수집했어. 그 결과 GPGP의 면적은 우리나라 면적의 16배에 이르고, 쌓여 있는 쓰레기의 양은 점보 제트기 500대의 무게인 8만 톤, 개수는 1조 8천억 개에 이른다고 해. 이 쓰레기들을 그냥 내버려 두면 미세 플라스틱의 양이 어마어마하게 증가하겠지.

오션 클린업은 5년마다 태평양 쓰레기의 50퍼센트를 수거하는 것을 목표로 삼고 있어. 바다 위를 떠다니는 플라스틱은 수거하면서 바다 생물은 자유롭게 오갈 수 있는 특수한 울타리를 치는 방식으로 말이야. 그리고 수거한 플라스틱 쓰레기를 재활용 센터에 파는 게 목표야. 우리는 그 계획이 성공해 거대 쓰레기 섬이 사라질 때까지 계속해서 관심을 가져야 해.

그런데 쓰레기 섬을 없앨 수 있다고 해서 플라스틱을 마음껏 사용해도 될까? 당연히 그렇지 않지. 플라스틱은 수백 년이 지나도 잘 썩지 않으니까. 그리고 아무리 쓰레기를 열심히 치워도 다시 바다로 쓰레기가 흘러 들어온다면 아무 소용이 없잖아. 결국 다시 쓰레기 섬이 생길 테니 말이야. 그러니 우리는 일상생활에서 일회용 플라스틱 사용을 줄여야 해. 그래야만 해양 오염을 조금이라도 줄일 수 있을 거야.

바다에서 가져온 쓰레기를 처리하는 것도 문제야.

그러니까 플라스틱 사용을 줄이는 게 답이야!

물 부족으로 전쟁이 일어난다고?

해양 오염만큼 지구를 위협하는 요인이 또 있는데 바로 자원 부족 문제야. 앞에서 지구가 45억 년 동안 쌓아 놓은 자원을 400년 동안 모두 써 버렸다고 했잖아. 지구에 있는 자원의 양은 정해져 있는데 쓰는 양은 계속 늘어나니까, 자원이 부족한 수준에 이른 거지.

게다가 세계에서 인구가 가장 많은 인도와 중국의 개발이 본격화되면서 물과 에너지, 식량 등 자원 부족에 대한 걱정이 끊이지 않아. 이 세 가지는 서로 밀접하게 연관되어 있어서 자원 부족 위기를 더욱 증폭시킬 거야.

그중에서도 '물이 부족하다'는 이야기는 너희들도 많이 들어

봤을 거야. 어쩌면 물을 차지하기 위한 전쟁이 일어날지도 모른다는 불길한 예감이 들어. 물 전쟁은 석유 전쟁과는 차원이 다를 거야. 석유는 태양광이나 풍력 같은 재생 에너지로 대체가 가능해. 실제로 석유가 필수적이었던 자동차 업계도 전기 자동차가 등장하면서 석유 사용량을 점점 줄여 나가고 있어. 하지만 물은 그 무엇으로도 대체가 불가능한 자원이야.

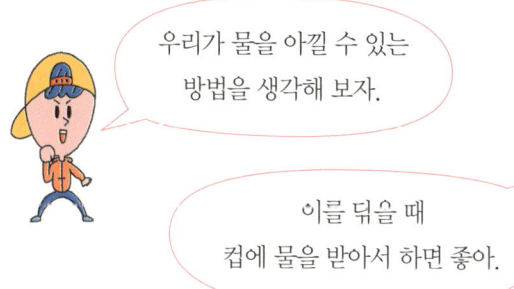

지구에 있는 물 중에 소금기가 없는 물을 '담수'라고 하는데 지구 담수의 70퍼센트는 농사를 짓는 데 쓰고, 나머지는 에너지나 자원을 개발하는 곳에 쓰여. 에너지 생산에 사용되는 물은 그동안 11퍼센트나 늘었어. 이렇게 물 사용량이 늘면 2030년에는 전 세계에서 필요한 담수의 40퍼센트가 부족해지고, 이 때

문에 식량과 에너지 갈등이 심해질 거야. 유엔 보고에 따르면 이런 상황이 계속되면 전 세계 인구의 15퍼센트가 바닷물의 염분을 제거한 물을 마셔야 한다고 해.

그러니 2030년이라는 가까운 미래에 물이 40퍼센트나 부족해진다는 전망은 정말 심각한 거지.

> 물은 그 자체로 생명의 근원이면서
> 다른 자원으로 대체할 수 없는
> 중요한 미래 자원이야.

그런데 지구의 표면을 4분의 3이나 덮고 있는 바다도 물이잖아? 그러니까 지구 전체적으로 보면 절대적으로 물이 부족한 건 아니야. 모든 육지의 흙을 다 퍼 담아도 태평양 하나조차 메우지 못할 정도니까. 그런데도 물이 부족하다는 건 무슨 뜻일까?

그건 '물을 아직 잘 활용하지 못한다.'는 뜻일 거야. 물의 순환을 제대로 이해하면 물이라는 자원을 보다 효율적으로 활용할 수 있겠지만, 기후 변화로 인한 홍수와 가뭄 때문에 이를 과학적으로 이해하고 전망하는 일이 점점 어려워지고 있어. 이런 상황에서 대규모 가뭄이나 홍수에 무방비로 노출되어 고통받는 환경 난민도 늘어나고 있지. 그리고 이런 현상은 기후 변화가 커질수록 더 심해질 거야.

앞서 이야기한 것처럼 지구는 정말 물이 많은 행성이야. 태평양 하나의 크기가 지구 위 모든 대륙을 합친 것보다 클 뿐만 아니라, 땅의 평균 높이가 840미터인 것에 비해 바다의 평균 깊이는 3,700미터에 이르니까 면적과 깊이에 따른 부피도 바다가 훨씬 더 크지.

우리가 바로 사용할 수 있는 담수는 지구 전체 물 가운데 2퍼센트도 되지 않지만 나머지 대부분을 차지하는 바닷물을 담수로 바꾸는 '해수 담수화 기술'을 통해 얼마든지 활용할 수 있어.

물 부족 해결의 열쇠는 결국 바다에 있어.

해수 담수화 기술을 이용해 발전소를 돌리거나 농사를 짓는 데 필요한 물을 만들고, 사람들이 먹고 마실 수 있는 물까지 만들 수 있다면 전 세계의 물 부족 문제는 더 이상 걱정하지 않아도 될 거야.

답이 없어 보였던 바다 위 거대 쓰레기 섬 문제를 해양 과학적 원리를 이용한 방법으로 해결책을 찾아냈듯이, 물 부족을 비롯한 각종 지구 환경의 위기도 바다에서 해결의 실마리를 찾아낼 날이 머지않아 올 거라고 믿어.

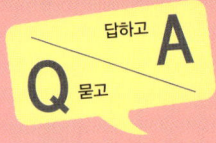

존경하는 해양학자가 있다면 소개해 주세요.

해양학자 가운데 내가 가장 존경하는 인물은 노르웨이의 과학자이자 탐험가였던 프리드쇼프 난센(Fridtjof Nansen)이야. 난센은 1888년 세계 최초로 그린란드를 횡단했고, 1893년부터 1896년까지 북극을 탐험해 인류의 지평을 넓힌 탐험가로 유명해.

난센은 대학에서 동물학과 의학을 공부하고 베르겐 자연 박물관에서 근무한 과학자이기도 해. 바닷물을 채집할 수 있는 채수기(난센 채수기)를 고안하고, 북극을 탐험하면서 바람 방향과 유빙이 이동하는 방향이 다르다는 점을 관찰했어. 이 관찰은 후에 스웨덴의 해양학자 에크만이 바람과 해류에 대한 이론(에크만 이론)을 만드는 데 많은 기여를 했지.

동료들과 스키를 타고 그린란드를 동서로 횡단한 난센의 다음 목표는 북극 탐험이었어. 자신이 직접 설계해서 만든 '프람호'를 타고 북극해를 횡단하려고 했지. 1년 넘게 프람호로 북극해를 건너려고 시도했지만 불가능하다는 것을 깨닫고 배에서 내려 북극점을 향해 걸었어.

 난센은 이제껏 그 누구도 도달하지 못했던 최북단에 도착했지만 식량 부족으로 탐험을 멈출 수밖에 없었어. 바다코끼리 지방과 북극곰 고기로 연명하며 겨울을 나고 영국 탐험대를 만나 3년 만에 간신히 돌아올 수 있었지. 난센은 이때의 경험을 통해 얻은 지식을 후배 탐험가인 로알 아문센과 어니스트 섀클턴에게 아낌없이 전해 주었어.

 난센은 제1차 세계 대전 이후 국적이 없는 난민을 구제하기 위해 '난센 여권' 사업을 시작해서 총 45만 명의 난민을 구세했어. 이 밖에도 전쟁 포로 환송이나 난민 문제를 해결하기 위해 애쓴 공로로 1922년 노벨 평화상을 수상했고, 난센이 죽은 후에는 난센국제난민사무소가 노벨 평화상을 받았어.

 도전 정신으로 미지의 세계를 탐사하고, 해양학을 비롯한 과학 발전에 기여했으며, 따뜻한 인류애로 난민 문제에까지 공헌한 난센을 존경할 수밖에 없겠지?

4장 무궁무진한 잠재력을 가진 바다

- 바다는 어떤 곳일까?
- 생물 다양성과 풍부한 자원
- 보물을 품고 있는 바다
- 기후를 조절하는 바다

바다는 어떤 곳일까?

우리 지구가
특별한 행성이 된 건
바다 덕분이네요!

바다에 대해
알면 알수록
바다가 더 좋아져요!

맞아! 바다가 없었다면
지구는 지금과 완전히
다른 행성이 됐을 거야.

우리는 바다에 대해 얼마나 알고 있을까? 바다가 정말 내가 지금까지 설명한 만큼 가치가 있는 곳이라고 생각하니? 혹시 바다를 그냥 우리에게 맛있는 고등어나 갈치, 김을 제공하는 식량 창고쯤으로 생각한 건 아니겠지?

사실 인류는 바다에 대해 제대로 아는 게 별로 없어. 그나마 지금 알고 있는 정보들도 대부분 과학 기술이 급속히 발달한 최근에야 알게 된 것들이야. 놀랍게도 우리는 수십 만 광년 떨어진 우주보다 10킬로미터 깊이의 바닷속에 대해 아는 게 더 적어. 물론 그래서 지금도 많은 해양 과학자들이 열심히 연구를 하고 있지.

바다는 지구를 구성하는 아주 중요한 요소야. 몇 번이나 말했지만 지구 표면의 70퍼센트 이상이 바다야. 우주에서 볼 때 지구가 푸른 행성으로 보이는 것도 다 바다 때문이지.

그럼 도대체 바닷물의 양은 얼마나 될까? 지구상에 있는 물은 끊임없이 돌고 돌지만 97퍼센트의 물은 항상 바다에 저장되어 있어. 나머지 2퍼센트는 만년설과 빙하 형태로 존재하고 비나 눈, 구름의 모습으로 존재하는 물은 0.3퍼센트, 육지에 있는 강과 호수는 다 합쳐도 0.02퍼센트밖에 되지 않아. 놀랍지 않

니? 한강만 봐도 물이 엄청 많아 보이는데, 바닷물이 얼마나 많을지 상상조차 하기 힘들 정도야.

간단하게 설명하자면 지구의 생명체가 살 수 있는 공간의 99퍼센트가 바다라고 보면 돼. 바다에 사는 생명체가 그렇게 많은지 몰랐다고? 이 엄청난 부피의 바닷물에는 엄청난 수의 식물성 플랑크톤이 살고 있어. 크기는 우리 눈에 잘 보이지 않을 정도로 아주 작지만 거대한 바다에 퍼져 살면서 엄청나게 중요한 역할을 하지. 어떤 역할을 하는지 자세히 알아볼까?

식물성 플랑크톤도 땅 위 식물들처럼 광합성을 해. 태양에서 받은 빛과 이산화 탄소, 물을 가지고 광합성을 하면 뭐가 생길까? 그래, 바로 산소야. 식물성 플랑크톤이 광합성을 하면서 만드는 산소의 양이 지금 우리가 숨 쉬는 데 필요한 산소의 절반 이상인 50~85퍼센트를 차지해. 땅 위에 있는 나무와 풀이 만들어 내는 산소량을 다 합친 것보다 더 많아. 우리는 흔히 아마존 밀림을 지구의 허파라고 부르지만, 진짜 지구의 허파는 사실 바다야.

그런데 인간이 만든 오염 물질 때문에 바닷속 플랑크톤이 광합성을 하지 못한다면 어떤 일이 일어날까? 상상하는 것만으로도 끔찍한 일이 벌어질 거야. 지구의 산소량이 급격히 변해 엄청난 위기가 닥칠 테니까.

그리고 바다에는 인류의 건강한 먹을거리가 되는 다양한 수산 자원도 있어. 그물로 잡거나 바다 양식장에서 기른 생선이나 조개 같은 다양한 해산물은 인류가 먹는 양질의 단백질 중 20퍼센트 이상 담당하고 있지. 그리고 이 비중은 앞으로 더 늘어날 가능성이 높아.

바다가 이렇게 중요한 역할을 하는 줄 정말 몰랐어요.

바다에 대한 다큐멘터리와 책을 더 열심히 봐야겠어요.

게다가 전 세계 무역도 90퍼센트 이상 바다를 통해 이루어지고 있어. 축구장보다 몇 배나 큰 배들이 셀 수 없을 정도로 많은 컨테이너를 싣고 지금도 대양을 오가고 있지. 그러니 바다를 빼놓고 지구에서 살아남는다는 건 상상조차 할 수 없는 일이야. 지

구를 '바다의 행성'이라고 불러야 할 정도야.

　이렇게 중요한 역할을 하는 바다를 제대로 활용하기 위해서는 바닷속에서 일어나는 현상들을 이해해야 해. 하지만 우리는 바다에서 일어나는 여러 자연 현상들에 대해 이해하지 못하는 게 너무 많아. 바닷속으로 200미터만 내려가도 빛이 거의 닿지 않아 어둡고 캄캄한 데다가 아래로 내려갈수록 수압이 너무 강해서 깊이 들어가기가 무척 어려워. 오히려 우주로 나가는 게 더 쉽다고 할 정도야. 해양학자들이 풀어야 할 숙제들이 너무 많은 거지. 그래서 살짝 겁이 날 때도 있지만 도전할 과제가 많다는 건 과학자에게 아주 흥분되는 일이기도 해. 이제껏 누구도 알지 못했던 사실을 알아낼 수도 있는 거니까 말이야.

생물 다양성과 풍부한 자원

　바닷속에는 얼마나 많은 생물이 살고 있을까? 물론 깊은 바닷속에 사는 새로운 생물들이 지금도 계속 발견되고 있긴 한데, 대략 육지 생물의 7배인 약 30만 종의 해양 생물이 살고 있을 거라고 해. 최근에는 인류의 식량 문제 해결이나 각종 신약에 필요한 추출물 등을 구하기 위해 바다에 사는 생물을 어떻게 활용하면 좋을지 여러 연구가 활발하게 이루어지고 있어.

　해양 생물학자들은 2000년부터 10년 동안 '해양 생물 센서스'라는 프로그램을 만들고 바닷속 생물이 얼마나 다양한지, 그리고 어디에 얼마나 많이 분포하고 있는지 평가하고 설명하기 위한 조사 계획을 세웠어. 무려 80여 국가, 2,700명의 과학자들이 함께 노력해서 540개 이상의 탐험대를 조직했단다.

탐험 대원들은 전 세계 바다를 구석구석 돌아다니면서 미생물부터 플랑크톤, 어류, 바다 밑바닥에 사는 저서생물, 고래까지 샅샅이 조사했어. 북극, 남극부터 열대 바다까지, 가까운 바다부터 먼바다까지, 그리고 바다 밑바닥부터 바닷물 표면까지 다양한 환경을 고루 조사했지.

이 프로젝트를 통해 바다에 어떤 해양 생물이 어디에 얼마나 분포되어 있는지 알게 되었고, 수천여 종의 새로운 생물종을 발견하고 수십만 종이 넘는 생물을 확인했지.

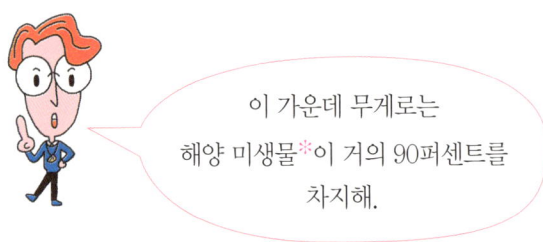

이 가운데 무게로는 해양 미생물*이 거의 90퍼센트를 차지해.

또한 세계에서 가장 큰 규모의 온라인 해양 생물 지리 정보 시스템(Ocean Biogeographic Information System)을 만들어 오늘날 바다에 얼마나 다양한 생물종이 살아가고 있는지를 계속해서 업데이트하고 있어. 이런 연구 덕분에 전 세계 바다에 고래나 바다표범 같은 해양 포유류와 게, 새우 같은 갑각류들이 어디에 얼마나 살고 있는지도 상당 부분 파악하게 되었어.

바닷속 생태계를 구성하는 수많은 생물 중에는 인간이 이용

* **해양 미생물**: 해양 세균뿐 아니라 바이러스, 진균, 원생동물 등을 이르는 말.

할 수 있는 유용한 수산 자원이 많아. 하지만 접근하기 어려워 제대로 이용하지 못하는 경우가 많지. 기술이 발달하면 활용 가능한 수산 자원이 더욱 늘어날 거야.

물론 급격한 생태계 파괴와 몇몇 나라들의 무분별한 어업으로 일부 갑각류나 어류 종이 멸종 위기에 처하기도 했어. 그래서 이를 막기 위한 국제적인 규제도 동시에 진행되고 있어. 이런 규제가 잘 작동한 덕분에 바다에서 잡는 어획량이 크게 늘진 않았지만, 양식 생산량이 늘어나면서 바다에서 얻는 수산 자원의 양은 계속 늘고 있어. 2014년 기준 세계 수산물 생산량 1억 6,720만 톤 중에서 배에서 잡아들인 어획량은 9,340만 톤으로, 10년 이상 크게 변화가 없었어. 반면 양식 생산량은 7,380만 톤으로 해마다 증가하고 있지. 앞으로 환경 공학과 정보 통신 기술, 생명 과학의 발전에 따라 양식 생산량은 더욱 늘어날 거야.

이른바 '잡는 어업'에서 '기르는 어업'으로의 전환이 빠르게 일어나는 거지. 전 세계 곳곳에 연어를 공급하는 노르웨이의 스마트 양식을 예로 들 수 있어. 대서양 연어 양식장 241개 가운데 절반 이상이 노르웨이 양식장이야. 우리 식탁에도 가끔 노르웨이산 연어가 올라오곤 해. '기르는 어업'으로의 빠른 전환은 이처럼 새로운 기회를 제공하고 있어. 아쉽게도 아직까지는 육지와 가까운 얕은 바다에서만 양식이 가능하지만 말이야.

하지만 머지않은 미래에는 분명 달라질 거야. 어려움과 위험을 무릅쓰고 깊은 바다에 도전하는 사람들이 있거든. 영화감독 제임스 캐머런도 그런 사람 중 한 명이야. 제임스 캐머런 감독은 〈아바타〉 같은 블록버스터 영화도 찍었지만, 세계에서 가장 깊은 바다인 마리아나 해구 탐사 다큐멘터리 〈딥씨 챌린지〉도 찍었어. 이 영화를 찍기 위해 직접 1인용 잠수함을 만들어 수심 11,000미터까지 내려갈 만큼 열정적인 바다 탐험가야.

이런 열정적인 탐험가와 과학자들 덕분에 인류는 심해에 대해 조금씩 알아 가는 중이야. 아직은 아는 것이 너무 적지만, 바꿔 말하면 앞으로 알아내야 할 것이 아주 많다는 뜻이기도 해. 바다는 그 깊이만큼이나 무한한 가능성이 있어.

 보물을 품고 있는 바다

아직 개척되지 않은 깊은 바다에는 미지의 생물만 있는 건 아니야. 에너지로 쓸 수 있는 천연자원 또한 무궁무진하다고 알려져 있어. 열수 광상, 망간각, 망간 단괴, 열수 분출공 등 수심 1,000미터 아래 심해저*에 있는 희귀 금속을 '심해저 광물 자원'이라고 해. 이런 자원들은 땅 위의 주요 광물 자원이 점점 고갈되고, 채굴 과정 중 생기는 환경 오염 같은 문제점을 극복하기 위한 대안으로 제시되고 있어.

열수 광상이니 망간각이니, 이름부터 무척 낯설지? 그래도

---

* **심해저**: 깊은 바다 밑.

앞으로는 이런 자원들이 아주 중요해질 테니까 이번 기회에 알아 두면 좋을 것 같아.

먼저 열수 광상은 화산 활동이 활발한 바다에 생겨. 바다 밑 암반 속 뜨거운 마그마에 섞여 있던 300~400℃ 되는 뜨거운 물 즉, 열수가 마그마 밖으로 빠져나올 때 열수에 녹아 있던 금속이 차가운 바닷물을 만나 가라앉으면서 울퉁불퉁한 덩어리나 굴뚝 같은 형태의 열수 광상이 만들어져. 이 열수 광상에는 금이나 은 같은 귀금속뿐만 아니라 구리, 아연, 납처럼 현대 첨단 산업에 유용하게 사용되는 금속들이 많이 포함되어 있어서 그 가치가 정말 높단다.

열수 광상은 1977년 미국의 유인 탐사 잠수정인 앨빈호 탐사 때 처음 발견되었어. 열수 광상을 탐사하는 장비는 여러 가지가 있는데, 사람이 직접 타는 유인 잠수정도 있지만 오늘날에는 원격 무인 잠수정을 이용한 탐사를 많이 해. 우리나라도 인도양의 중앙 해령에서 열수 광상을 찾은 적이 있어.

망간각은 앞에서 이야기한 세계 최초의 해양 탐사선인 영국의 챌린저호가 1872~1876년 4년 동안 세계 바다를 탐사할 때 처음 발견했어. 망간각은 바닷속 500~2,500미터의 해산* 꼭 대기 근처 또는 경사면에 생기는데, 자라는 속도가 아주 느리단다. 바닷속에 넓게 아스팔트를 깔아 놓은 것처럼 생겨서 '바닷속 아스팔트'라고 부르기도 해. 망간각은 코발트, 니켈, 구리, 망간, 백금, 희토류 등을 포함하고 있어. 희토류는 전기 자동차나 스마트폰 같은 첨단 산업 분야에 꼭 필요한 유용한 자원인데, 망간각은 해저 광물 중 희토류 함량이 가장 높은 광물이야.

바닷속에는 말 그대로 보물들이 가득하군요.

더 깊은 바닷속에는 또 어떤 귀한 자원이 있을지 궁금하지 않니?

망간 단괴도 영국 챌린저호가 세계 바다 탐사 중에 처음 발견했어. 망간 단괴는 4,000미터 이상의 아주 깊은 바다에서 만들어지는데, 망간각이랑 달리 모양이 검은빛을 띤 감자처럼 생겼

* **해산**: 바다의 밑바닥에 원뿔 모양으로 솟은 봉우리.

어. 값비싼 성분을 많이 포함하고 있어서 흔히 '검은 황금'이라고 불러. 백만 년이라는 긴 시간 동안 1~10밀리미터씩 아주 천천히 만들어지는 이 망간 단괴에는 망간, 철, 니켈, 구리, 코발트 같은 금속이 포함되어 있어. 특히 망간 단괴는 전기차의 충전 배터리를 만드는 핵심 재료로, 앞으로 그 가치가 더욱 높아질 거야.

열수 분출공은 깊은 바닷속에서 열수가 솟아나는 곳이야. 마그마 때문에 450℃ 정도로 뜨거워진 열수가 화산 굴뚝처럼 생긴 열수 분출공에서 뿜어져 나오는데, 이 근처에는 다양한 생물이 살고 있어서 생물학적으로도 매우 가치가 높아.

앞으로 이런 심해서 광물 자원을 확보하기 위해 전 세계 국가들은 자원 쟁탈을 벌이게 될 거야. 그렇게 되기 전에 각국은 미리 자원을 확보하기 위한 기술 개발에 뛰어들고 있지.

보통 한 나라의 국토는 어디까지일까? 바다에서는 그걸 어떻게 정할까? 한 나라의 통치권이 미치는 바다를 '영해'라고 하는데, 바닷물의 높이가 가장 낮은 썰물 때의 해안선을 기준으로 3해리(1해리는 1,852미터)까지를 그 나라의 영해로 인정해. 하지만 영해는 너무 좁아서 유엔 국제 해양법으로 200해리까지 '배타

적 경제 수역'을 설정했어. 이 배타적 경제 수역 안에서는 천연자원의 탐사와 개발, 보존, 해양 환경의 보존과 과학 조사 활동 같은 모든 권리를 그 나라만 가지게 된단다.

그리고 어느 나라에도 속하지 않은 공통의 바다를 '공해'라고 해. 공해에서는 국가별로 기간을 정해서 개발을 위한 독점 탐사권을 행사할 수 있어.

사실 우리나라는 심해저 광물 자원 개

발을 해양 선진국들보다 30년 정도 늦은 1992년에서야 본격적으로 시작했어. 좀 늦긴 했지만 우리나라도 1994년 이후 엄청난 투자를 했고 이제 성과를 내고 있지. 2018년에는 해양수산부가 국제해저기구와 '서태평양 공해상 마젤란 해저산 망간각 독점 탐사 광구*'에 대한 탐사 계약 체결에 성공했어. 그 덕분에 코발트나 희토류 같은 심해저 광물 자원을 확보할 수 있게 되었지. 우리나라는 2013년부터 이 해역에서 여섯 번에 걸친 사전 탐사를 실시해 독점 탐사권을 승인받을 수 있었어.

이 광구에 대한 본격적인 개발을 시작하면 연간 100만 톤의 망간각을 채굴할 수 있고, 그에 따른 경제적 효과는 11조로 보고

있어. 해양수산부는 앞으로 대형 해양 조사선인 '이사부호'와 원격 무인 잠수정, 무인 관측 및 자율 제어 시스템, 로봇 같은 첨단 장비를 동원해 본격적으로 심해저 자원 개발에 힘쓸 예정이란다. 이 과정에서 우리 해양학자들은 아주 중요한 역할을 맡게 돼. 무엇보다 심해저의 생태계를 해치지 않으면서 개발을 할 수 있도록 돕게 될 거야.

* **광구**: 공식적인 관청에서 특정 광물의 채굴을 허가한 구역.

기후를 조절하는 바다

　자, 그럼 이제 우리가 잘 몰랐던 바다의 숨겨진 역할에 대해 더 자세히 알아볼까? 어쩌면 바다가 하는 일 중 가장 중요한 역할일 수도 있어.

　바다는 기후에 민감하게 반응하고 기후에 다시 지대한 영향을 미치는 '기후 조절자' 역할을 해. 물은 땅에 비해 천천히 데워지고 천천히 식거든. 그러니 엄청난 양의 바닷물 온도를 높이려면 정말 엄청난 열이 필요하겠지. 그 덕분에 지구 온난화로 인해 생긴 어마어마하게 많은 양의 열을 바다가 거의 흡수할 수 있었지. 그동안 바다는 기후 변화를 늦춰 주는 중요한 역할을 하고 있었던 거야. 물론 지금도 하고 있고 말이야.

그럼 기후 변화를 해결하기 위해 기후 조절자인 바다에 대해 무엇을 알아야 할까?

맨 먼저 바닷물이 어떻게 움직이는지, 왜 흐르는지 알아야 해. 하지만 우리는 여전히 바닷물이 가진 특성과 바닷물의 흐름

이나 순환에 대해 잘 몰라. 그리고 순환 방식이 시간에 따라 어떻게 달라지는지, 그 과정에서 늘어난 열을 어떻게 이동시키는지, 대기와는 어떤 상호 작용을 통해 열을 주고받으며 기후를 조절하는지에 대해 제대로 된 답을 하지 못하고 있어.

담수가 더 무거울까,
짠 바닷물이 더 무거울까?

소금이 녹아 있는
바닷물이 더 무거울 것 같아요!

그래, 맞아. 그럼 문제 하나 더! 뜨거운 물이 무거울까, 차가운 물이 무거울까? 욕조에 따뜻한 물을 받아서 목욕할 때를 떠올려 봐. 손을 물에 살짝 담그면 뜨거운 것 같지만 깊이 넣으면 위쪽보단 뜨겁지 않은 걸 알 수 있을 거야. 물도 공기처럼 온도가 높아지면 가벼워지고, 낮아지면 무거워지기 때문이야. 과학 시간에 열의 대류 현상에 대해 배운 적 있지? 뜨거운 공기는 차가운 공기보다 더 가벼워서 위로 올라가잖아. 그러니까 두 가지 사실을 종합해 보면, 아래쪽에 있는 바닷물은 짜고 차갑고, 위쪽에 있는 바닷물은 덜 짜고 따뜻한 거지.

이제 마지막 질문! 그럼 바닷물의 온도와 소금의 양은 깊이에 따라서만 달라질까? 그렇지 않아. 어떤 곳에서는 온도가 낮은 바닷물이 표면 쪽에 있기도 해. 북극의 그린란드 근처 바다와 남극 근처의 바다에는 표면 쪽에 무거운 저온수가 생겨. 북극이나 남극은 날씨가 엄청 춥잖아. 그래서 차가운 공기와 맞닿은 위쪽 바닷물은 쉽게 열을 빼앗기게 돼. 그래서 아래쪽 바닷물보다 위쪽 바닷물이 더 차가워지는 거야. 아까 물이 차가워지면 무거워진다고 했잖아. 그렇게 무거워진 바닷물이 바다 깊은 곳으로 가라앉으면서 심층수*가 새롭게 만들어져.

또, 해가 쨍쨍 내리쬐는 건조한 지역에서는 바닷물이 더 많이 증발하겠지? 그러면 소금 농도가 상대적으로 높아지면서 무거워져. 이런 지역에서도 심층수가 만들어지는데, 지중해가 바로 이런 곳이야.

이처럼 바닷물은 지역마다 온도, 녹아 있는 소금의 양이 다 달라. 추운 곳인지 더운 곳인지, 건조한 곳인지 습한 곳인지에 따라 영향을 받기 때문이야. 그래서 바닷물은 끊임없이 움직여. 이렇게 바닷물의 온도와 염분에 의해 이루어지는 바닷물의 순환을 '열염분 순환'이라고 한단다. 조금 어려운 말이지만 열과 소금의 차이 때문에 바닷물이 끊임없이 섞이는 현상을 설명하

---

* **심층수**: 심해에 있는 저온, 고밀도 특성을 가진 바닷물.

는 말이라고 생각하면 돼.

 바닷물은 지구 전체를 순환해. 북대서양의 차갑고 깊은 바닷물은 남쪽으로 내려가면서 인도양과 태평양에서 섞이고, 남극 주변에서 만들어지는 차갑고 깊은 물은 태평양, 인도양, 대서양의 바닷물과 섞이면서 북쪽으로 이동해. 바닷물이 마치 공장의 컨베이어 벨트처럼 움직인다고 해서 '대양의 컨베이어 벨트'라고 부르기도 하지.

 열염분 순환 외에도 바닷바람에 의해서도 순환이 일어나기도 하는데, 이를 '풍성 순환'이라고 해. 바람의 영향을 많이 받는 바닷물 표면에서는 강한 흐름이 생겨. 그럼 깊은 바닷속도 바람의 영향을 많이 받을까? 아니야. 깊이가 깊어질수록 그 영향이 점점 줄어들어서 깊은 바닷속에는 아주 약한 흐름만 생기지. 이때 바닷물은 지구의 자전 영향으로 깊이에 따라 나선형으로 회전하며 다른 방향으로 흐르는데, 북반구의 바닷물은 바닷바람에 의해 오른쪽으로, 남반구에서는 왼쪽으로 나선 모양으로 회전해. 태평양이나 대서양, 인도양에서 소용돌이처럼 도는 이런 바닷물의 흐름 때문에 거대한 쓰레기 섬이 생기는 거란다.

 이런 바닷물의 흐름, 즉 해류는 강물처럼 빠르지는 않지만,

꾸준하게 이동하고 있어. 해류의 중요한 역할 가운데 하나가 더운 열대 지방의 열을 추운 한대 지방으로 이동시켜 지구 전체의 균형을 맞춰 주는 거야. 어떤 지역의 바다에서는 품고 있던 열을 대기로 내놓기도 하고, 또 어떤 지역의 바다에서는 반대로 대기에 있는 열을 흡수하기도 하지.

이처럼 바닷물은 끊임없이 흐르면서 한곳에 있는 바닷물을 다른 곳으로 나르고, 서로 다른 특성을 가진 바닷물을 만나게 해. 바닷물의 표면에서 끊임없이 대기와 상호 작용을 하면서 열 교환을 하기도 하고, 바닷물이 증발하면 구름이 만들어지고 비가 내리면서 육지에 있는 담수와의 교환도 이루어진단다. 이런 열 교환과 담수 교환 과정은 계절이나 대양의 높이 변화, 기후 변화에 따라 시시각각 변해. 따라서 이런 열 수송과 바닷물 수송 과정을 바다 곳곳에서 감시하려면 더 많은 해양 관측망이 필요해.

바다가 '기후 조절자'의 역할을 한다는 점을 고려하면 지금 우리 인류에게는 꼭 필요한 일이지.

해양 연구에서 중요한 세계 기구나 기관들에는 어떤 곳이 있나요?

해양학 연구를 하려면 많은 예산이 필요하기 때문에 민간보다 주로 각국 정부에서 지원하고 있단다. 나라의 경제력이 뒷받침되지 않으면 해양학 분야를 적극 지원하기 어려워.

오늘날 해양학 연구 분야에서는 미국이 단연 선두 주자야. 이 밖에도 중국, 일본, 영국, 독일, 프랑스, 오스트레일리아, 러시아, 캐나다 같은 나라들이 해양학 분야를 선도하고 있지. 최근에는 인도, 베트남, 인도네시아 등에서도 해양학의 중요성을 인식하고 본격적인 연구 프로그램을 가동하는 중이야. 서로 경쟁도 하지만 동시에 협력도 잘 이루어지고 있어. 엄청나게 넓은 해양을 관측하려면 서로 돕는 게 필수적이기 때문이겠지.

유엔 정부간해양학위원회는 전 세계 모든 정부의 해양 연구 조정을 위한 조직이야. 정부간해양학위원회에서는 세계기상기구, 유엔환경프로그램, 국제과학심의회와 함께 전 지구 해양 관측망을 지원해서 각국의 해양 관측을 통합하고 자료를 공유하고 있지.

　이 밖에도 바다를 연구하는 해양 연구소가 있어. 해양 자체를 과학적으로 연구하기도 하고, 수산 관계의 연구 부문을 포함해 해양을 응용할 수 있는 방법을 연구하기도 해. 이에 해당하는 연구소로는 내가 몸담았던 미국의 스크립스해양연구소뿐만 아니라 영국의 국립해양연구소, 독일의 국립해양수리학연구소, 프랑스의 크넥소해양연구소 및 일본의 도쿄대학교해양연구소가 있어. 우리나라에도 1970년대부터 정부 주도로 해양 연구소가 설립된 후 꾸준히 확대 발전해서 오늘날 한국해양과학기술원이 되었고, 부설 연구소로 극지연구소, 동해연구소가 있어. 그뿐만 아니라 정부의 연구 조사 기관으로 수산 부문을 전문적으로 다루는 국립수산과학원이 있고, 해양 조사를 전문적으로 담당하는 국립해양조사원이 있어.

5장 바다에서 희망을 찾는 방법

- 바다를 관측하는 여러 가지 방법
- 국경을 넘나드는 해양 관측 네트워크
- 인공위성으로 하는 해양 원격 탐사
- 위기를 극복하기 위한 지구 공학자의 고민
- 바다와 함께 만들어 갈 미래

 바다를 관측하는 여러 가지 방법

바다를 연구하려면 무조건 배를 타고 바다로 가야 하나요?

저처럼 뱃멀미가 심하면 해양학자가 되긴 어렵겠네요?

걱정할 필요 없단다. 요즘은 새로운 장비 덕분에 연구실에서도 정보를 얻을 수 있거든.

바다는 아주 오래전부터 인류에게 도전과 경외의 대상이었어. 워낙 넓고 큰 데다 인간의 힘으로 어찌해 볼 수 없는 거대한 미지의 대상이었으니까. 지금도 바다의 위력은 대단하지만 꾸준한 해양 과학 기술 발전에 따라 바다에 대한 많은 정보를 얻을 수 있었어. 관측과 연구를 바탕으로 태풍이나 지진 해일처럼 바다에서 생기는 재해를 대비하기도 하고, 기상이나 기후도 예측하게 되었지. 그뿐만 아니라 해상 교통, 해양 레저, 해양 산업의 발달에도 도움을 주는 등, 해양학은 우리의 일상에 많은 영향을 미치고 있고, 그 중요성은 계속 커지고 있어.

자, 그럼 바다에 대해 알기 위해서는 무엇을 먼저 해야 할까? 그래, 바다를 꼼꼼하게 관측해야 해. 내 전공이 현장 관측 해양학이라고 했잖아. 해양학에서 관측은 아주 기본적이면서 중요한 바탕을 이루는 분야라고 보면 돼.

인류는 바다를 어떻게 관측해 왔을까? 해적이 나오는 옛날 영화를 보면 낯선 섬에 배를 대기 전에 무거운 돌을 단 밧줄을 바닷속에 던져 수심이 얼마나 깊은지 재는 장면이 나오곤 해. 예전에는 눈으로 보거나, 이렇게 단순한 도구를 사용하는 것 외에는 관측 장비라고 할 만한 것이 딱히 없었지. 하지만 지금은 과학 기술이 발전한 덕분에 바다를 관측하는 방법이 아주 다양해졌어. 특히 바다의 상황을 읽는 다양한 센서가 개발되고 기계와 전자기, 통신, 광학, 음향학 등이 획기적으로 발전하면서 바닷속 곳곳을 더욱 잘 관측할 수 있게 되었지.

나는 대학원에 입학하기 직전 처음으로 연구선을 타게 됐는데, 동해를 탐사하는 러시아 연구선이었어. 배를 타 본 경험이

많지 않았던 데다 너무 긴장한 나머지 계속 실수를 했던 기억이나. 선배들이 장비를 이용해서 자료 수집하는 걸 보고 그대로 따라 해야 하는데 그것조차 어렵더라.

하하, 내가 실수도 너무 많이 하고 긴장해서 뻣뻣하게 굳어 있으니까 선원들이 나를 군인으로 오해할 정도였지.

바다를 관찰하는 가장 오래되고 또 반드시 필요한 방식은 각종 관측 장비가 실린 해양 연구선을 타고 바다에 직접 나가는 거야. 사람 없이도 관측이 가능한 무인 관측 장비가 만들어지기 전에는 사람이 무조건 배를 타고 바다로 나가 관측 장비를 깊은 바닷속으로 내려 보내 각종 데이터를 모아야 했어.

배를 타고 하는 바다 관측의 역사는 19세기 후반 챌린저호에서부터 시작해. 영국왕립학술원과 해군의 지원을 받은 챌린저호는 1872년 영국 포츠머스항을 출발해 3년 6개월 동안 전 세계 바다를 돌며 다양한 관측과 연구 활동을 펼쳤어. 챌린저호의 탐사 활동으로 현대 해양학의 토대를 마련했다고 해도 과언이 아니야.

하지만 당시의 과학 기술로는 아주 깊은 바다의 환경을 조사할 수 있는 도구를 만들 수 없었어. 그러다 보니 세계 최초로 바다와 관련한 자료를 수집할 수 있었지만, 심해는 여전히 미지의 세계로 남겨 두어야 했단다.

심해를 관측하고 조사하려면 바닷물이 내리누르는 높은 압력을 견딜 수 있는 특별한 장비가 있어야 해. 그리고 그 장비를 바닷속 깊이 내리는 것도 쉬운 일이 아니야. 그래서 과학 기술이 발달한 20세기에 이르러서야 심해 관측이 가능해졌어. 그러니까 국가적인 체계를 갖춘 본격적인 해양 관측은 20세기부터 시작되었다고 할 수 있지. 이때부터 새로운 관측 방법들이 만들어졌고, 각 나라들이 서로 힘을 모으기 시작했어. 몇몇 나라의 힘만으로는 엄청난 규모의 바다를 다 관측하기는 너무 힘드니까.

다양한 바다 관측 장비 가운데 가장 오랫동안 사용해 온 고전적인 장비 가운데 하나가 '부이'야. 부이는 바닷물의 온도나 바닷물에 녹아 있는 소금, 산소의 양 같은 것을 측정해. 각종 센서

부이

를 부착해 바닷물에 띄워 두는 장비인데, 바다 한복판에 고정해 놓고 데이터를 수집하지. 파도의 높이만 관측하는 부이처럼 한 가지 데이터만 수집하는 것도 있고, 바다의 여러 데이터를 한꺼번에 관측하는 종합 해양 관측 부이도 있어. 크기도 아주 다양해서 지름 1미터 정도의 작은 것부터 10미터도 넘는 거대한 것도 있지.

부이처럼 한자리에 고정된 관측 장비도 있지만 해류를 따라 흘러 다니면서 자료를 수집하는 장비들도 있어. 바다 위를 둥둥 떠다니는 표류병 알아? 편지를 써서 병에 넣고 뚜껑을 꼭 막아 바다에 던지면 바다 위를 둥둥 떠다니다가 어느 해안에 닿아. 이런 표류병처럼 해류를 따라 둥둥 떠다니면서 데이터를 모으고 인공위성에 전송하는 장비가 있는데 이게 바로 '표층 뜰개'야. 해류의 세기와 방향뿐만 아니라 수온도 관측할 수 있어.

또 스스로 떠올랐다 가라앉았다 조절하는 능력을 갖춘 '프로파일링 플로트'도 있어. 이 장비는 바닷속 1,000미터 이상 깊이까지 다이빙해서 일주일 이상 해류를 따라 이동하다가 다시 바닷물 위로 떠올라. 그리고 바닷속에서 모은 데이터를 데이터 센터로 전송한 뒤에 다시 가라앉아서 데이터를 수집해. 프로파일링 플로트에는 위성 추적 시스템이 달려 있어서 실시간으로 자기 위치를 위성에 알려 줘. 이런 정보를 통해 연구자들은 바닷물이 어느 방향으로 어떤 속도로 흐르는지 바로바로 알 수 있어. 또한 부이와 마찬가지로 바닷물의 온도나 바닷물에 녹아 있는 소금의 양, 바닷속 소리를 들을 수 있는 청음기 등 각종 센서를 달아 다양한 정보를 수집하지.

해양 관측에 인공위성도 큰 역할을 하고 있어. 지구 궤도를 도는 인공위성이 어떻게 바다를 관측할 수 있냐고? 인공위성을 이용하면 그 어떤 장비보다도 넓은 시야로 바다를 살펴볼 수 있거든. 게다가 바닷물의 온도뿐만 아니라 흐름과 색깔을 관측하고, 심지어 바닷물에 녹아 있는 소금의 양까지도 측정할 수 있어. 앞에서 말한 표층 뜰개나 프로파일링 플로트처럼 바다에 있는 여러 무인 장치들이 보내오는 정보를 받아서 지상의 센터에 보내 주는 역할도 하고 말이야. 우리나라는 '천리안'이라는 해양 관측 위성을 최초로 쏘아 올린 후 꾸준히 새로운 위성을 띄워 한반도 주변 바다의 다양한 정보를 확인하고 있어.

이렇게 전 세계 바다를 관측한 정보들은 인터넷이 연결된 컴퓨터만 있으면 어디서든 쉽게 볼 수 있어. 하지만 현장 관측 과학자들은 오늘도 쉬지 않고 바다로 나가. 왜 그럴까? 바다와 관련한 지식은 책이나 인터넷에서 얻을 수 있지만, 죽은 지식이 아니라 살아 있는 지식은 현장 경험을 통해서만 얻을 수 있거든. 그러니까 제대로 된 연구를 하려면 현장인 바다에 직접 가야 한단다.

국경을 넘나드는 해양 관측 네트워크

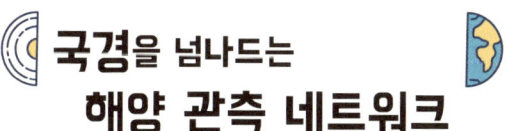

그동안 바다 관측 기술은 놀랍도록 발전했어. 그 덕분에 연구선에 첨단 과학 장비들을 싣고 바다를 실시간으로 관측할 수 있게 됐지. 그리고 최첨단 통신 장비를 활용해 멀리 떨어진 연구실끼리 정보를 공유하거나 인공위성으로 자료를 받을 수 있으니 실시간으로 정보를 융합할 수 있어. 바다를 관측하는 방식이 획기적으로 변한 거지.

우리나라도 대형 연구선인 이사부호와 얼음을 깨는 쇄빙 연구선인 아라온호를 대양과 극지의 데이터를 모으는 데 적극적으로 활용하고 있어. 아라온호가 없을 땐 러시아의 쇄빙선을 빌려 연구해야 했지만, 이제는 아라온호를 타고 극지방을 마음껏 연구하고 있지.

물론 반드시 직접 배를 타고 먼바다에 나가 데이터를 수집할 필요는 없어. 한번 바다에 설치해 두면 지속적으로 데이터를 모아서 실시간으로 전송해 주는 무인 관측 시스템 혹은 로봇들이 활용되고 있거든. 물론 이런 관측 장비의 배터리를 교체하거나 회수, 재설치 등을 위해 바다에 나가긴 해야지.

무인 관측 장비는 여러 가지야. 앞에서 이야기한 부이와 표층 뜰개, 프로파일링 플로트가 있고, 최근 개발된 파력 글라이더와 수중 글라이더도 있어. 파력 글라이더는 파도의 힘으로 움직이는데, 서핑 보드 같은 태양열 패널과 하단부로 구성되어 있어. 수중 글라이더는 프로파일링 플로트에 날개가 달린 형태의 장비인데, 원하는 방향으로 이동할 수 있도록 만들어졌어. 바닷속 깊이 다이빙을 했다가 떠올라 바닷물 위에 도달하면 센서로 수집한 데이터와 위치 정보를 전송해.

여러 장비 중에서도 특히 프로파일링 플로트를 이용한 관측은 전 세계 네트워크를 통해 더욱 발전하고 있어. 이 가운데 대표적인 게 '아르고' 프로그램이야. 세계기상기구와 국가간해양과학위원회가 공동으로 추진하는 전 지구적 해양 관측 사업이야. 아르고 플로트는 바닷속 일정한 깊이까지 잠수해서 그 깊이에서 바닷물의 흐름에 따라 흘러 다니다가 일정한 시간이 흐르면 다시 위로 떠올라 데이터를 측정하고, 기록된 정보를 하늘에 떠 있는 위성에 보내.

아르고 프로젝트에서는 1999년 세계 최초로 우리나라 동해 바다에 시험 삼아 프로파일링 플로트를 띄웠어. 그 뒤 2000년부터 세계 곳곳의 바다에서 사용하기 시작했는데, 2023년 2월 자료에 따르면 모두 3,955개의 아르고 플로트가 전 세계 바다를 누비며 데이터를 수집하고 있어. 처음 목표였던 3,000개를 훨씬 뛰어넘는 개수야. 마치 3,955개의 배가 쉬지 않고 10일마다 지속적으로 바다를 관측하고 있는 거나 마찬가지야. 세계 각국은 이 프로그램을 통해 데이터와 경험을 서로 공유하고, 데이터 처리와 형식 등을 표준화했어. 그리고 누구나 무료로 자료를 볼 수 있게 공개했어.

전 세계 해양 과학자들이 정보를 공유하며 연구하는 게 정말 감동적이에요.

바다를 제대로 알고 지키기 위해서는 국가를 떠나서 지구인 모두가 힘을 합쳐야 해.

이 프로그램으로 장기적인 기후 변화와 라니냐나 엘니뇨 같은 이상 기후를 파악하는 데 큰 진전을 이루었지. 가장 이상적인 국제 공동 해양 관측 네트워크라고 할 수 있지.

또 다른 해양 관측 네트워크 중에는 '지진 해일 모니터링 부이'도 있어. 지진 해일이 생겨 바닷물의 높이에 변화가 생기면 바닷물이 누르는 압력도 변해. 그래서 바다 밑 수압을 측정하는 부이를 활용해 지진 해일을 감시해. 이런 지진 해일을 감시하는 시스템을 '다트(DART, Deep-ocean Assessment and Reporting of Tsunamis)'라고 하는데, 바닷속에 설치된 센서가 바닷물의 압력을 측정해서 그 데이터를 근처에 있는 부이로 보내. 그러면 부이는 인공위성을 통해 땅에 있는 모니터 요원에게 데이터를 전송하는 거야. 이런 장비들 덕분에 지진 해일을 예측해 혹시나 모를 재난에 대비하도록 경보를 발령할 수 있어.

2004년 12월, 인도네시아 수마트라 지진 해일로 수십만 명이 목숨을 잃었어. 그 뒤로 지진 해일에 대한 경각심이 커지면서 본격적으로 시스템을 확장시켰고, 지진이 자주 발생하는 태평양 주변에 부이를 더 많이 설치했지. 2020년 1월 기준 모두 39개의 시스템이 운영되고 있다고 해.

이 밖에도 오션사이트(OceanSITE)는 고정형 장비에서 모은 해양 관측 데이터를 통합적으로 제공하는 네트워크 프로그램이야. 바다 위 기상부터 바다 표면 관측, 심해 관측에 이르기까지 전체 바닷물에 대한 시간대별 데이터를 전 세계 바다에서 모으고 있어. 이 자료 또한 오션사이트 프로그램을 통해 누구나 무료로 볼 수 있단다. 우리나라도 오션사이트에 등록해 공인받은 장비를 통해 울릉도와 독도 사이에 설치해 1996년부터 지금까지 꾸준히 유지 관리하고 있어.

이처럼 오늘날에는 다양한 무인 해양 관측 네트워크를 통해 해양 환경에 대한 질 좋은 정보를 수집할 수 있어. 과거 수십 년 동안 쌓인 데이터보다 매년 새로 수집되는 데이터 양이 더 많을 정도로 데이터 양도 많이 늘어났지. 그리고 이런 장비들을 한눈에 확인할 수 있는 관측 시스템 모니터링 센터도 운영되고 있어. 챌린저호를 타고 세계를 일주하며 탐사하던 과거에는 상상조차 하지 못했던 어마어마한 양의 전 지구적 해양 관측 데이터가 쏟아지고 있는 거야.

하지만 이것도 바다를 모두 관찰하기에 충분한 양이 아니야. 고작 몇천 개의 장비로 감시하기엔 우리의 바다는 너무나도 깊고 넓거든. 그러니 미래에는 더 많은, 그리고 더 기능이 뛰어난 해양 관측 장비와 더욱 통합된 네트워크가 만들어질 게 분명해.

인공위성으로 하는 해양 원격 탐사

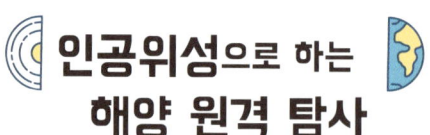

바람과 해류를 이용해 항해했던 챌린저호 시대부터 무인 관측에 이르기까지, 앞서 이야기한 관측 방법들은 다 바다에 나가 장비를 투입해서 데이터를 얻는 현장 관측 방식이야. 앞에서도 말했지만 이젠 꼭 그럴 필요가 없어. 오늘날에는 인공위성이나 항공기로 바다 표면을 관찰해 유용한 정보를 알아내는 원격 탐사 방식을 쓰기도 하거든. 바다 표면만 보고도 바다 안에서 무슨 일이 일어나는지 어느 정도 파악할 수 있다니 정말 놀랍지 않니?

인류는 지금까지 인공위성을 몇 개나 쏘아 올렸을까? 1,000개? 5,000개? 1957년 세계 최초의 인공위성인 스푸트니크 1

호를 시작으로 1967년 930개, 1997년 7,831개, 2007년에는 1만 1,219개를 넘어섰어. 이 수많은 인공위성이 오늘날 우리 지구 궤도를 돌면서 실시간으로 바다 및 지구 환경을 관측해 정보를 모아 지상에 있는 관제 센터로 보내고 있지.

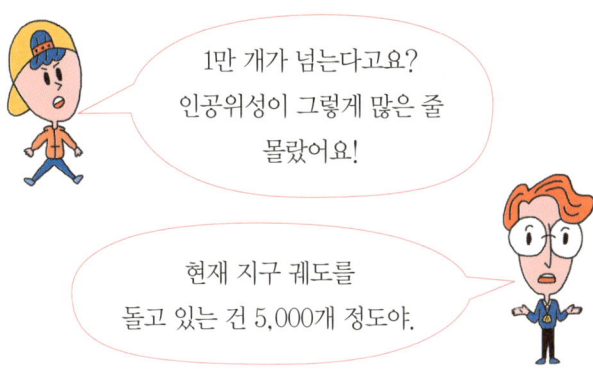

인공위성은 크게 정지 궤도 위성과 극궤도 위성 두 종류로 나눌 수 있어. 정지 궤도 위성은 땅에서 보면 한 지점에 딱 고정된 것처럼 보여서 이런 이름이 붙었는데, 사실은 지구 자전 속도랑 똑같이 돌다 보니 우리 눈에 정지하고 있는 것처럼 보이는 거야. 정지 궤도 위성은 높은 고도에서 우리나라 쪽 반구를 연속해서 관측할 수 있다는 장점이 있어. 다른 쪽 반구는 또 다른 정지 궤도 위성을 이용해 관측하지.

 극궤도 위성은 정지 궤도 위성에 비해 낮은 고도에서 지구의 북극과 남극 위를 남북 방향으로 비행하는 위성이야. 다시 같은 위치로 돌아올 때까지 짧게는 일주일에서 길게는 몇 달이 걸리기도 해. 하지만 낮은 고도에서 날기 때문에 정지 궤도 위성보다 더욱 정밀한 자료를 얻을 수 있다는 장점이 있어.

　오늘날에는 이렇게 두 종류의 인공위성을 동시에 활용해서 해양 및 지구 전체의 종합적인 감시망을 갖추었어.
　인공위성에서 보낸 자료를 통해 지구 환경에 대한 유용한 정보를 얻을 수 있어. 예를 들어 태풍이나 폭설, 황사, 산불 같은 자연재해 예보의 정확도를 높일 수 있지. 특히 자연재해와 기후 변화를 실시간으로 파악하는 중요한 역할을 해. 우리나라의 경우, 중국의 양쯔강에서 흘러나오는 물이 황해와 동중국해의 환경에 많은 영향을 미치거든. 이 물이 바다에 어떻게 분포되어 있고, 이동하는지 인공위성 원격 탐사 정보로 실시간으로 파악해서 어장 환경 감시 등에 활용할 수 있지.

 인공위성 원격 탐사를 통해 가장 뚜렷하게 파악할 수 있는 현상 중 하나가 바로 태풍이야. 태풍은 우리나라에서 가장 빈번하게 일어나는 자연재해 가운데 하나야. 태풍은 위도가 낮은 열대 바다에서 에너지를 얻어 생기는데, 발달 과정에서 구름이 엄청나게 많이 만들어져. 이때 인공위성이 수증기를 감지해서 태풍 발생을 관측할 수 있는 거지. 태풍의 중심 위치와 최대 풍속 같은 정보도 파악할 수 있어서 태풍 감시에 아주 중요한 역할을 해.

 또 한 지역에 비가 집중적으로 내리는 집중 호우가 생겼을 경우 정지 궤도 위성을 통해 구름 모양을 관측하면 시간당 내리는 비의 양까지 알 수 있어. 또 바닷물이 증발해 구름으로 머물다가 언제 어디에서 눈이나 비로 다시 땅으로 내려오고 결국 바다로 나가는지도 상당 부분 파악할 수 있단다.

 우리나라는 2010년에 첫 정지 궤도 위성인 '천리안 1호'를 쏘아 올렸어. 그리고 2018년 이후부터는 기술적으로 크게 향상된 두 번째 정지 궤도 위성인 '천리안 2A호'와 '천리안 2B호' 등을 성공적으로 쏘아 올렸어. 순수하게 우리나라의 힘으로 만든 위성이라 더 큰 의미가 있었지. 이처럼 여러 정지 궤도 위성 외에도 다양한 극궤도 위성까지 활용하며, 해양 환경 관측은 물론 기상을 포함한 대기 환경, 우주 관측 임무까지 담당하는 중이야.

오늘날 황사나 미세 먼지 예보가 더 정확해진 것도 인공위성의 발전 덕분이야.

이 인공위성들 덕분에 과거에 비해 훨씬 더 많은 데이터를 받을 수 있고, 이를 기상청과 국립해양조사원 등의 정부 기관은 물론 각종 해양 관련 연구소들에서 분석하고 있어. 천리안 1호와 2호를 서로 비교해 보면, 2호가 전체적으로 4배 정도 더 정밀하게 관측할 수 있어. 데이터 전송 속도도 1호에 비해 2호는 18배나 빨라졌고 말이야. 그러니 데이터의 양은 더욱 늘어나게 되는 거지. 오늘날 과학자들은 위성에서 수집되는 방대한 데이터를 바탕으로 활용이 가능한 정보를 알아내고 있어.

  대기와 바다는 시시각각 변해. 하지만 이제 우리는 인공위성을 통해 종합적으로 관측 및 감시를 할 수 있어. 이 덕분에 바람과 해류를 타고 항해하던 과거에는 상상조차 하지 못했을 수준의 지구 환경 감시 능력을 갖추게 되었단다.

위기를 극복하기 위한 지구 공학자의 고민

지구를 연구하는 학문 중에는 지구 과학 말고 지구 공학이 있어. 지구 과학은 앞에서 이야기했던 것처럼 지구 환경이 작동하는 과학적인 원리를 다루는 학문이야. 지구 과학자는 지구가 어떤 원리로 돌아가고, 그러면서 어떤 문제가 생기는지 파악하고 원인을 알아내는 일을 하지. 반면 지구 공학은 지구에서 생긴 문제를 해결하기 위해 사람의 힘으로 할 수 있는 기술적인 해결 방법을 찾아내는 학문이야.

그러니까 기후 변화로 인해 지구 온난화를 비롯한 각종 지구 환경 변화가 일어났을 때, 왜 이런 문제가 생기는지를 파악하는 건 지구 과학자의 몫이고, 지구 온난화 등의 각종 문제로 인한 피해를 최소화하기 위해 대응하는 기술적인 방법을 알아내는 건 지구 공학자의 몫이라고 할 수 있어.

앞서 여러 가지 원인으로 바닷물의 높이가 점점 올라가고 있다고 한 거 기억나? 지구 온난화 때문에 빙하가 녹고 그래서 바닷물의 높이가 계속 올라가면 바닷가 가까운 곳에 있는 마을과 대도시들은 태풍이나 지진 해일 같은 자연재해를 더 자주 더 크게 겪게 될 거라고 말했지.

그때 예로 들었던 남극 스웨이츠 빙하는 종종 '운명의 날 빙하'라는 이름으로 불리기도 해. 이 빙하의 면적은 19만 제곱킬로미터로 한반도와 비슷한 크기인데, 주변 빙하가 흘러나오는 길목을 막아 주고 있거든. 그러니까 스웨이츠 빙하가 녹으면 주변에 있던 빙하들까지 연쇄적으로 녹아서 바닷물의 높이가 5미터까지 높아질 수 있고, 그렇게 되면 지구 종말이 올 정도로 엄청난 위기가 닥친다는 거야. 그래서 이런 이름이 붙은 거지.

그런데 지금 스웨이츠 빙하 아랫부분으로 따뜻한 바닷물이 흘러들어 빙하를 녹이고 있어. 전 지구적인 재난을 막기 위해서는 스웨이츠 빙하가 녹지 않도록 시급한 대책이 필요한 상황이야. 그래서 여러 가지 지구 공학적 아이디어가 논의되고 있단다. 그중에는 스웨이츠 빙하 아랫부분으로 따뜻한 물이 흘러 들어가지 않도록 둑을 쌓거나 빙하 앞에 인공 섬을 지어 빙하가 쓰러지지 않게 지지하자는 아이디어도 있어.

또 지구 온난화의 주범인 온실가스를 줄이는 지구 공학적 아이디어도 있어. 탄소를 배출하지 않는 것도 중요하지만 배출된 탄소를 줄이는 것도 아주 중요하거든. 바다에 사는 식물성 플랑

크톤을 이용해 대기 중의 탄소를 줄이자는 아이디어야.

바다는 수면 아래로 조금만 내려가도 빛이 닿지 않아 컴컴하기 때문에 식물성 플랑크톤이 광합성을 할 수가 없어. 그래서 식물성 플랑크톤은 주로 바닷물 위쪽에 떠 있지. 하지만 바다 위쪽보다는 아래쪽에 영양분이 더 풍부하거든. 이 영양분을 끌어다가 바다 위쪽에 있는 식물성 플랑크톤에게 주면 식물성 플랑크톤이 엄청나게 늘어나겠지. 그런데 바다 아래 있는 영양분을 어떻게 바다 위쪽으로 끌어 올릴까?

바로 태풍의 원리를 이용하는 거야. 태풍은 무서운 재난을 일으키는 재해라고만 생각했을 거야. 하지만 인간이 아니라 지구 입장에서 보면 태풍은 열대의 열을 고위도 지역으로 보내기도 하고 바닷물을 위아래로 골고루 섞어 주는 역할을 해. 태풍이 발생하면 바람이 거세게 불면서 바닷물도 엄청나게 출렁이고, 그러면 바다 아래 가라앉아 있던 영양분이 위쪽으로 올라오거든. 이렇게 바닷물을 골고루 섞어 줘서 바다의 생태계를 살리는 역할을 하는 거지.

바로 이런 원리를 이용해서 아래쪽 바닷물을 지속적으로 퍼 올리는 파이프를 설치하자는 아이디어야. 영양분이 공급되면 식물성 플랑크톤이 더 번성할 테고, 그러면 대기 중의 이산화 탄소를 더욱 많이 흡수할 수 있을 테니까 말이야.

이 밖에도 지구의 온도를 낮추는 방법으로 성층권에 미세먼지 같은 물질을 뿌리거나, 커다란 반사판을 이용해 태양광을 반사시키자는 아이디어도 있어.

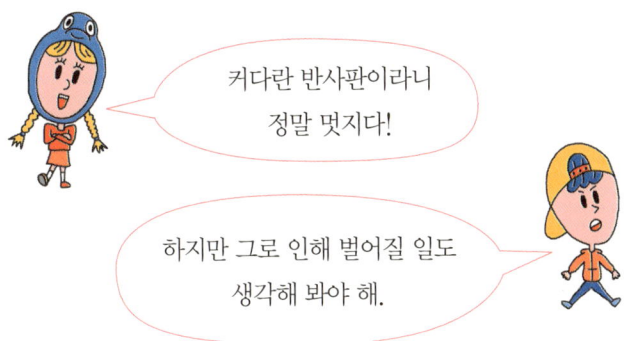

이런 공학적인 아이디어들, 정말 대단해 보이지 않니? 하지만 이걸 실제로 적용하기 위해서는 아주 신중한 고민과 연구가 필요해. 혹시라도 부작용이 생기면 한두 사람이 아니라 인류 전체가 위험에 빠질 테니까. 〈설국열차〉라는 영화에도 이런 이야기가 나와. 지구의 온도를 낮추려고 성층권에 어떤 물질을 뿌렸는데 지구의 온도를 낮추는 데에는 성공했지만 부작용으로 끊임없이 눈이 내리며 지구 전체가 설국이 되었다는 내용이야.

지구는 오직 하나야.

그러니 아무리 혁신적인 방법이라 해도 함부로 시도해 볼 수는 없어. 자칫 잘못되면 〈설국열차〉 속 상황처럼 다시 돌이킬 수 없는 일이 벌어질 수도 있으니 말이야. 그래서 공학적인 처방은 아주 신중해야 해. 과학적으로 지구 작동 원리를 알고 지구 환경이 바뀔 때 어떤 일이 벌어질지 면밀한 조사와 함께 이루어져야만 그런 비극이 발생하지 않을 테니까.

바다에 여러 가지 문제가 발생한 데에는 인류가 그동안 바다에 대해 잘 알지 못하면서 잘못된 방법으로 활용한 탓도 있을 거야. 이제는 더 이상 바다를 미지의 영역으로 남겨 둘 수 없어. 하루라도 빨리 바다를 과학적으로 이해하고 제대로 활용해서 지구 환경 문제를 푸는 해법을 찾아야 하는 시급한 상황이 되었어.

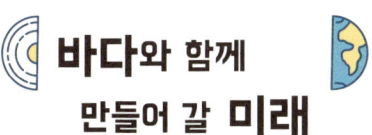 바다와 함께 만들어 갈 미래

오랜 기간 인류는 '성장'을 목표로 달려왔어. 돈을 더 많이 벌기 위해 공장에서 물건을 끊임없이 생산했고 아낌없이 소비했어. 그 결과 지구의 자원과 에너지를 지나치게 써 버렸고, 물과 공기는 더러워졌지. 그리고 바다와 땅에는 썩지 않는 쓰레기가 엄청나게 쌓였어.

이제 지구의 사용 방법을 근본적으로 바꾸어야 할 시간이 됐어. 나는 진정한 21세기는 2020년 코로나19와 함께 찾아왔다고 생각해. 전 세계적인 코로나 팬데믹을 극복하는 과정에서 보았듯이 우리는 더 이상 '성장'을 최우선 목표로 해서는 안 돼. 이제부터는 지구와 인류가 함께 공존하는 법을 찾고, 지속 가능한 미래를 위해서는 환경과 생태가 돈보다 더 중요한 가치라는 것을 깨달아야 해.

당장 플라스틱 사용을 금지하는 법을 만들어야 하는 거 아닌가요?

플라스틱을 완전히 없애는 건 힘들어. 하지만 일회용 제품 사용을 줄이는 건 실천할 수 있지! 그리고 바다에 관심을 갖는 것도 중요해.

그러려면 바다를 아는 게 너무나 중요해졌어. 기후와 바다가 너무나 밀접한 관계를 맺고 있다는 게 분명하게 밝혀졌으니까 말이야. 앞에서도 말했지만 바다는 인류에게 오랜 시간 경외의 대상이자 두려움의 대상일 뿐, 얼마나 큰 잠재력을 가졌는지, 바다에서 어떤 일이 일어나는지, 어떻게 이용해야 하는지 제대로 몰랐어.

하지만 이제 달라지고 있어. 많은 지구 과학자와 지구 공학자들이 힘을 합쳐 바다가 가진 무한한 가치와 잠재력으로 현실적인 희망을 찾아내려고 노력하고 있어. 그래서 유엔에서는 2020년 12월에 열린 총회에서 '해양 과학 10년'을 채택하고, 2021년 1월부터 실행에 옮겼어. 지금부터 10년 동안 바다의 과학적 원리를 알아내고 대책을 세워야만 인류가 지구에서 생존할 수 있다고 판단했기 때문이야.

유엔의 해양 과학 10년 목표를 함께 살펴보자.

1. 깨끗한 바다: 해양 오염
2. 건강하고 회복력 강한 바다: 생태계
3. 예측 가능한 바다: 해양 이해와 예보
4. 안전한 바다: 해양 재해 경보
5. 지속 가능한 생산적인 바다: 식량 안보
6. 투명하고 접근 가능한 바다: 해양 데이터 포털
7. 영감을 주고 함께하는 바다: 관광과 치유, 힐링

첫 번째, 깨끗한 바다야. 태평양의 거대한 쓰레기 섬이나 미세 플라스틱 등 해양 오염 문제는 최대한 빨리 우리가 맨 먼저 풀어야 할 숙제야.

둘째, 건강하고 회복력 강한 생태계로서의 바다야. 해양이 점점 산성화되면서 해양 생태계의 회복력이 점점 떨어지고 있어. 이를 반전시켜 회복력이 강한 바다로 만들기 위한 지혜가 필요해.

셋째, 예측 가능한 바다야. 앞에서 말한 대로 엄청난 속도로 발전한 해양 관측 네트워크를 이용해서 바다의 환경이 어떻게 변할지 예측 기술을 발전시켜야 해. 예보 정확도를 높이려는 노력도 계속하고 있어.

넷째, 안전한 바다야. 바다에서 일어나는 각종 선박 사고뿐만 아니라 태풍과 지진 해일 같은 자연재해로 인한 손실을 줄이기 위해 해양 관측 및 감시 능력을 발전시켜야 해.

다섯째, 지속 가능한 생산적인 바다야. 이건 식량 안보 문제와 연결되는데, 잡는 어업뿐만 아니라 기르는 어업을 포함해서 모든 수산 자원의 관리가 생태계를 기반으로 이루어져야 해. 즉, 소비되는 양만큼만 생산될 수 있도록 관리하는 방법을 찾아야 해.

여섯째, 투명하고 접근 가능한 바다야. 해양 관측 네트워크들을 효율적으로 이용해서 통합 데이터를 모으고, 누구에게나 무료로 제공하는 형태로 발전해 나가야 해. 이를 위해서는 실제 배를 타고 나가지 않아도 바다에 접근할 수 있게 해 주는 해양 로봇이나 가상 현실, 증강 현실, 데이터 과학, 인공 지능과도 접목된 기술 개발이 이루어져야겠지.

일곱째, 영감을 주고 함께하는 바다야. 자연환경과 어우러진 아름다운 바다에서 수영을 하거나 스포츠, 물놀이를 즐길 수도 있고, 넓게 펼쳐진 바다를 보면서 마음의 안정과 여유를 찾을 수도 있어. 바다는 오래전부터 인류에게 기쁨과 휴식을 주는 공간이었고 앞으로도 그럴 거야.

일곱 번째 목표가 가장 마음에 들어요. 저는 바다가 너무 좋아요.

우리나라는 삼면이 바다라서 언제든 쉽게 바다를 볼 수 있어.

유엔이 10년이라는 기간을 정한 건 바로 지금이 바다를 과학적으로 잘 알아내고 본격적으로 활용해서 지구 환경 문제의 해법을 찾는 데 집중해야 할 시기라고 판단했기 때문이야. 우리는 이 기간 동안 해양 오염을 최대한 줄여 나가고, 바다 생태계에 대한 이해를 바탕으로 바다를 건강하게 관리해야 해.

이 가운데 '투명하고 접근 가능한 바다'가 뭔지 조금 더 들여다볼까? '디지털 트윈 해양(Digital Twin Ocean)'이라는 게 있어. 말 그대로 지금 바다와 똑같은 바다를 메타버스 같은 디지털 세상에 만든다는 거야. 지금까지 모은 다양한 데이터들과 해양 모델을 활용해서 지금의 바다와 같은 환경을 디지털 세상 속에 구현하는 거지.

이렇게 디지털 바다를 만들어 놓으면 우리가 바다에 관련된 새로운 기술을 만들어 내거나 환경을 바꾸려고 할 때 미리 바다가 어떻게 바뀌고 이것이 생태계에 어떤 영향을 미치는지 시험해 볼 수 있어. 인간과 바다가 서로 어떤 영향을 주고받는지 미리 살펴볼 수 있고, 잘못된 사용 방식은 막을 수 있을 거야. 그러면 바다 환경을 더욱 깨끗하게 유지해서 바다 생태계를 건강하게 만들 수 있어. 이런 관리 방식을 통해 지속 가능한 개발을 할

수 있겠지.

바다는 전 지구적으로 이어져 있기 때문에 통합적으로 사고하는 게 맞지만, 우리는 우리 바다에 더 많은 관심을 가져야 해. 서해안과 동해안의 환경은 아주 달라서 전혀 다른 현상들이 나타나. 서해안과 인접한 황해는 수심이 얕지만 동해안과 인접한 동해는 수심이 깊어 바닷물의 순환 자체가 달라. 우리 바다가 어떻게 변하고 순환하는지 잘 알아야 제대로 활용할 수 있어.

> 해양학자들은 미래의 바다에서 엄청난 활약을 하게 될 거야.

바다에 설치된 다양한 센서들이 보내오는 정보를 바탕으로 바다에서 일어나는 일들을 감시하고, 바다에서 시작되는 여러 위험 요소로부터 인류의 안전을 지키겠지. 또 바닷속 깊은 곳에 살고 있는 생명체의 유전적 특성을 밝혀 신약을 개발하기도 하고, 지속 가능한 수산업 활동과 청정 에너지를 찾아내 인류에게 닥친 어려움을 함께 극복할 거야. 그러기 위해서는 우리 모두가 '하나의 팀'이라고 생각하고, 함께 지혜를 모아 노력하는 시대를 준비해야 해.

20세기를 거치며 해양 과학 기술이 비약적으로 발전했고 오늘날에는 첨단 해양 조사 연구선과 수많은 관측 인공위성, 그리고 다양한 수상, 수중 무인 해양 관측 장비에 부착된 각종 센서들을 통해 양질의 해양 관측 데이터가 수집되고 있어. 하지만 아직까지도 전체 해양 중 10퍼센트 정도, 아주 작은 영역에서만 성공적인 과학 탐사가 이루어지고 있어. 심해에 대한 과학적 접근은 이제 막 걸음마를 뗀 수준에 불과하지.

우리 해양학자들은 지구 환경 문제를 함께 고민하고 인류와 바다가 공존할 방법을 탐구할 미래의 해양학자를 기다리고 있어. 여러분도 나와 함께 미지의 바다로 떠나는 배에 타 보지 않을래?

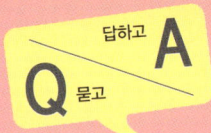

바다를 위해 우리가 할 일에는 뭐가 있을까요?

2007년 12월에 충남 태안군 앞바다에서 홍콩 선적의 유조선 '허베이스피릿호'가 삼성중공업 소속의 '삼성 1호'와 충돌하면서 유조선 탱크에 있던 다량의 원유가 바다로 유출되었어. 이로 인해 당시 인근 어장이 큰 피해를 입었고, 지역 경제에도 부정적 영향을 미쳤지. 하지만 100만 명이 넘는 자원봉사자들의 노력으로 심각할 정도로 쌓여 있던 해안 바닷가 기름을 제거했고, 2010년대 중반쯤에는 파괴되었던 해양 생태계가 대부분 회복되었어.

그런데 우리나라 주변 바다를 오염시키는 건 이런 원유 유출 사고만이 아니야. 바다를 지속적으로 오염시키는 건 바로 사람들이 쓰고 버린 쓰레기들이야. 우리나라는 2016년에야 바다에 산업 폐기물을 버리는 행위가 금지됐어. 그 전까지는 서해안 앞바다에 1곳(서해병), 동해안 앞바다에 2곳(동해병, 동해정)을 투기 해역으로 지정해서 각종 산업 폐수와 하수 오니*, 가축 분뇨, 음식물 쓰레기 등을 버려 왔지. 해양 투기량이 가장 많았던 2005년에만 1천만 톤을 버렸고, 1998년

부터 2015년까지 28년 동안 3개 투기 해역에 버린 육상 폐기물 총량은 무려 1억 3천만 톤이 넘어. 계속 증가하던 해양 폐기물 투기는 2016년에 드디어 마침표를 찍었지만, 여전히 해양 쓰레기 수거량에 비해 더 많은 쓰레기가 육상에서 바다로 흘러 들어가고 있어.

우리는 어떻게 해야 할까? 일단 쓰레기를 많이 만들지 않아야겠지. 일회용품 사용을 줄이고 물건을 오래 사용하는 습관을 길러야 해. 그리고 바닷가에서 숩킹('숩다'와 달리기 '조깅'의 합성어로, 달리면서 쓰레기를 줍는 행동)을 하는 것도 참여의 방법이야. 스티로폼 부표, 폐어구, 생활 쓰레기 등을 직접 줍는 캠페인에 적극적으로 동참하고 해변을 깨끗하게 하는 활동에도 관심을 가져야 해. 큰 변화도 이렇게 작은 일부터 시작하는 거니까!

* 오니: 오염 물질이 섞인 더러운 흙.

서울대 교수와 함께하는
10대를 위한 교양 수업

4 남성현 교수님이 들려주는 해양 과학 이야기

글 | 남성현, 김연희 그림 | 신병근 (선주리, 이혜원)

1판 1쇄 인쇄 | 2023년 7월 3일
1판 1쇄 발행 | 2023년 7월 17일

펴낸이 | 김영곤
이사 | 은지영
논픽션팀장 | 류지상 **기획개발** | 신지예 권유정 **책임편집** | 윤은주
아동마케팅영업본부장 | 변유경
아동마케팅1팀 | 김영남 황혜선 이규림 정성은 **아동마케팅2팀** | 임동렬 이해림 최윤아 손용우
아동영업팀 | 한충희 오은희 강경남 김규희 황성진
디자인 | 디자인이팝 **제작** | 이영민 권경민

펴낸곳 | ㈜북이십일 아울북
출판등록 | 2000년 5월 6일 제406-2003-061호
주소 | (10881) 경기도 파주시 회동길 201 (문발동)
전화 | 031-955-2417(기획개발) 031-955-2100(마케팅·영업·독자문의)
브랜드 사업 문의 | license21@book21.co.kr
팩스 | 031-955-2177 **홈페이지** | www.book21.com

©남성현, 2023

이 책을 무단 복사·복제·전재하는 것은 저작권법에 저촉됩니다.

ISBN | 978-89-509-6557-0 (74000)
ISBN | 978-89-509-9137-1 (세트)

* 잘못 만들어진 책은 구입하신 서점에서 교환해 드립니다.
* 가격은 책 뒤표지에 있습니다.

⚠ 주의 1. 책 모서리가 날카로워 다칠 수 있으니 사람을 향해 던지거나 떨어뜨리지 마십시오.
   2. 보관 시 직사광선이나 습기 찬 곳을 피해 주십시오.

- 제조자명: ㈜북이십일
- 주소 및 전화번호: 경기도 파주시 회동길 201(문발동)/031-955-2100
- 제조연월: 2023.7.17
- 제조국명: 대한민국
- 사용연령: 3세 이상 어린이 제품

• 일러두기 맞춤법과 띄어쓰기는 《표준국어대사전》을 기준으로 삼았고, 외국의 인명, 지명 등은 국립국어원의 '외래어 표기법'을 따랐습니다.

• 사진 출처 29쪽: 스크립스해양연구소_©Wikipedia 117쪽: 부이_©Wikipedia